本书受山西省哲学社会科学项目（晋规办字〔2017〕2号）资助

本书受山西省"1331工程"会计学重点教学研究创新团队项目（晋教科〔2017〕12号）资助

CEO 过度自信
与企业创新投入决策研究

郝盼盼／著

立信会计出版社
LIXIN ACCOUNTING PUBLISHING HOUSE

图书在版编目(CIP)数据

CEO 过度自信与企业创新投入决策研究/郝盼盼著.
—上海:立信会计出版社,2018.10
ISBN 978 - 7 - 5429 - 5972 - 0

Ⅰ.①C… Ⅱ.①郝… Ⅲ.①企业管理—影响—企业
创新—经营决策—研究 Ⅳ.①F273.1

中国版本图书馆 CIP 数据核字(2018)第 233872 号

策划编辑　　方士华
责任编辑　　方士华
封面设计　　南房间

CEO 过度自信与企业创新投入决策研究

出版发行	立信会计出版社			
地　　址	上海市中山西路 2230 号		邮政编码	200235
电　　话	(021)64411389		传　　真	(021)64411325
网　　址	www.lixinaph.com		电子邮箱	lxaph@sh163.net
网上书店	www.shlx.net		电　　话	(021)64411071
经　　销	各地新华书店			

印　　刷	江苏凤凰数码印务有限公司			
开　　本	787 毫米×1092 毫米	1/16		
印　　张	11.25		插　　页	1
字　　数	216 千字			
版　　次	2018 年 10 月第 1 版			
印　　次	2018 年 10 月第 1 次			
书　　号	ISBN 978 - 7 - 5429 - 5972 - 0/F			
定　　价	36.00 元			

序

在中共十九大报告中有 10 余次提到"科技",50 余次涉及"创新",且提出"创新是引领发展的第一动力,是建设现代化经济体系的战略支撑"。可见,"创新"作为一个永恒的话题,再次被提到一个新高度。而企业是创新的主体,提高企业的创新能力对实现创新驱动转型发展战略至关重要。因而如何提升企业的创新则成为实务界和学术界的热点话题。已有研究的视角侧重于政府补贴、税收优惠、市场结构、外商直接投资(FDI)以及公司规模、公司治理等方面,但是对于基本面类似的企业或者管理者变更后的同一家企业所出现的创新投资差异,已有理论无法解释,因此管理者特质等研究问题应运而生。著名经济学家熊彼特认为,企业家的任务就是创新。企业不仅需要制造高竞争力的高新技术产品,更需要造就敢于承担风险、善于创新的企业家。具有哪些特质的企业家才有利于提升企业的创新呢? 基于这一热点导向,郝盼盼博士关注到管理者的过度自信对企业创新的影响,并以独特的视角解释了管理者过度自信之谜。

鉴于 CEO 是企业创新活动的主要决策者,该书主要以在我国沪深 A 股市场上市的制造业和信息技术业企业为研究对象,遵循创新资金来源—创新决策行为—创新决策结果的思路来全面剖析 CEO 过度自信对企业创新投入决策的影响。主要研究内容如下:①探寻度量 CEO 过度自信的合理指标。②资金来源方面,分析 CEO 过度自信是否会制约企业创新资金来源,进而导致企业创新投资扭曲。③决策行为方面,分析 CEO 过度自信如何影响企业创新投入决策。④决策结果方面,分析 CEO 过度自信是否能够通过企业创新投入提升企业价值及市场收益。⑤客观识别 CEO 过度自信的潜在成本和潜在收益。

为了解决以上问题,该书采用理论模型分析和实证检验相结合的方法。在理论分析部分,构建了 CEO 过度自信的投融资两期模型和包含融资约束在内的CEO 过度自信职业生涯关注模型;在实证检验部分,采用差异性检验、面板回归分析、双重差分(DID)法等方法。研究得出,对于易受融资约束的企业来说,由于在资金来源上 CEO 过度自信加剧了融资约束而造成其投资不足,在决策行为上对其创新投资的促进作用不够明显,最终使企业在决策结果方面并不能够提升企业价值和市场收益;对于不易受融资约束的企业来说,由于资金来源上CEO 过度自信并不会造成其投资过度,在决策行为上对其创新投资的促进作用十分明显,最终使企业在决策结果上可以通过创新投入来提高企业价值和市场收益。

　　该书主要有以下几点特别之处：第一，从心理学角度和事前测量角度出发，从分析形成 CEO 过度自信的原因入手，运用 CEO 的早年晋升频率指数提出过度自信的测算方法，这有助于更加客观地刻画 CEO 过度自信水平。第二，不仅关注 CEO 过度自信对过度投资的影响，还探究了其对投资不足的影响，并探讨在什么情况下引起过度投资或投资不足，丰富了已有研究。第三，将视角扩宽到外部金融市场和城市发展层面，探究企业所处金融环境及所在城市发展水平对企业创新的影响，并剖析其背后的影响渠道是否也与 CEO 特质有关，弥补了已有研究的不足。第四，首次构建了企业家活力指数，这一主要闪光点为今后研究提供了可借鉴的工具。

　　作为郝盼盼的博士生导师，我见证了她在科研和生活中的成长和进步。该书凝聚了作者长期从事科研工作的艰辛和心血，从刚迈入科研大门的迷茫和犹豫，从最开始的不自信和逃避，到义无反顾的坚持，再到开始慢慢品尝到科研所带来的兴奋和成就感，最终发表了一系列高水平论文且获得"山西大学校级优秀博士论文"的荣誉，并顺利申请了山西省哲学社会科学规划课题。该书作为作者博士论文的延伸和扩展，体现了作者学术研究中的整个蜕变过程。郝盼盼博士在科研上的不断突破带给我很大的惊喜，在该书即将出版之际，我十分高兴为此作序，并坚信该书的出版会给相关领域的研究带来一定的借鉴和参考。未来的学术道路还会充满荆棘和艰辛，只有孜孜以求才有可能攀登高峰，实现自我。希望她将该书的出版作为学术研究的新起点，在学术研究的征途上不断进步、不断突破，获得更多的收获！

张信东

山西大学经济与管理学院 教授、博士生导师

2018 年 10 月

前　　言

　　"创新驱动"无论在实务界还是学术界都是备受关注的热搜词之一,而创新的主体是企业,企业决策中起关键作用的是管理者,因此,管理者的特质及决策行为对创新驱动这把"金钥匙"能否打开经济增长之锁至关重要。近年来,有关管理者过度自信对企业投资决策影响的研究在行为公司金融领域悄然兴起。已有研究普遍认为,管理者过度自信会造成企业投资不足或过度投资,破坏企业价值。然而,为何过度自信的管理者在经理人市场却广受青睐? Galasso 等(2011)首次回答了这一问题,指出过度自信的管理者往往勇于冒险且不惧怕失败,尤其倾向于从事类似研发创新这种极富挑战性的活动,因而他们对企业创新具有促进作用。那么,管理者过度自信的负面作用在企业创新投资这种特殊的投资方式中会完全消失吗? 在资金来源、决策行为及决策结果方面,管理者过度自信是如何影响企业创新投入决策的? 同时,考虑到企业所处的外部金融环境及所在城市的发展水平也会影响到企业创新,其背后的影响渠道是否与管理者的特质也有关联? 这些问题的深入研究少有文献涉足。

　　本书以企业中拥有较高决策权和经营权的 CEO 为研究对象,采用理论模型分析和实证检验相结合的方法,以 2002—2014 年在沪深 A 股市场上市的制造业和信息技术业企业为研究样本,以 CSMAR 数据库和手工搜索年报为数据来源,从创新资金来源到创新决策行为再到创新决策结果,系统地剖析了 CEO 过度自信对企业创新投入决策的影响,从而揭开管理者过度自信之谜。本书主要研究结论及贡献如下:

　　(1) 从心理学角度和事前测量角度,本书首次基于早年晋升频率指数法构建了 CEO 过度自信指标。通过论证表明该方法不仅符合自我归因偏差心理学理论,且与高管持股状况法、投资表现法等相比更具合理性。本书所构建的 CEO 过度自信指标为今后相关领域的研究提供了有价值的参考。

　　(2) 通过分析 CEO 过度自信的创新投融资两期模型,本书得出过度自信 CEO 在融资方式上依赖于内部现金流,且创新投资现金流的敏感度较高。通过对动态 R&D 投资模型进行面板回归,实证得出,外部股权融资对企业创新投入具有显著正影响,而过度自信 CEO 往往厌恶外部股权融资,更多依赖内部现金流。进一步,本书通过区别固定资产投资和研发投资,并关注到投资不足,对投资扭曲模型回归分析得出,与固定资产投资相比,CEO 过度自信对企业创新投资现金流敏感度的影响更明显,尤其在易受融资约束的企业,CEO过度自信会造成创新投资不足。

(3)通过创新性地构建企业家活力指数,本书将视角聚焦到城市层面,对企业创新投入的城市效应及影响渠道进行实证分析,证实了企业家特征对企业创新投入的重要性。进一步,本书在已有的CEO过度自信职业生涯关注模型中引入融资约束变量,通过模型分析和实证检验后得出,CEO过度自信有利于促进企业创新投入,且在不易受融资约束的企业更明显。

(4)从企业价值和市场反应两个层面,本书实证检验了CEO过度自信是否能够通过企业创新投入进而提升企业未来的表现。研究表明,在易受融资约束的企业,CEO过度自信并不能通过企业创新投入提升企业价值及股票收益;而在不易受融资约束的企业,CEO过度自信可以通过企业创新投入提升企业价值及股票收益,但具有滞后性。

从理论模型分析到实证检验,从宏观层面到微观层面,本书以这种层层递进、环环相扣的方式,通过资金来源、决策行为和决策结果这三个维度的研究得到了一些具有学术价值和实践意义的新结论和新观点。本书的研究不仅丰富了企业创新和行为公司金融理论,对制定合理的企业创新投入决策、提升企业价值及选聘合适的管理者也具有重要的现实指导意义。

郝盼盼

2018年10月

目　　录

第 1 章 绪 论

1.1 选题背景

"创新则兴,不创新则亡"。从国家宏观层面而言,创新是一个民族进步的灵魂,是一个国家兴旺发达的不竭动力,尤其在当前经济转轨时期,国际环境复杂多变,国内经济下行,部分行业产能严重过剩,创新则成为国家保持竞争力的核心力量。国家"十三五"规划再次强调,要强化科技创新的引领作用,实施创新驱动发展战略。2016 年李克强总理指出,到 2020 年全社会研发经费投入强度要达到 2.5%,科技进步对经济增长的贡献率要达到 60%,迈进创新型国家和人才强国行列。创新驱动是国家命运所系,创新强则国运昌,创新弱则国运殆。科技创新不足是我国近代落后挨打的重要原因,所以利用好科学技术这个有力的杠杆是实现中华民族伟大复兴、实现中国梦的关键。从企业微观层面而言,作为自主创新的主体,企业要想在市场上获得主导地位必须加大创新投入,只有这样才能增强自身的竞争力,才能有利于其长远发展。Griliches (1979)[1]更是一针见血地指出,所有生产效率方面的提升,若能合理衡量的话,都与创新投入有关。尤其对研发强度较大的制造业和信息技术业企业更是如此。例如,三一重工造就了装备制造业的"神话":"5 分钟下线一台挖掘机,1小时下线一台泵车;8 年,持续投资 10 亿元"。三一重工之所以在行业中遥遥领先,与其源源不断的创新投入分不开。工信部部长苗圩说:"所有工业企业,只有通过不断创新,才能够提高竞争能力,才能够在竞争中立于不败之地。"因此,通过创新推动转型升级,通过创新迈向高端市场,这已成为所有企业持续发展的必经之路。

而立足中国现实,《2015 年全国科技经费投入统计公报》显示,2015 年我国研究与开发(R&D)经费投入总量为 1.4 万亿元,比 2012 年增长 38.1%,年均增长率为 11.4%。相关数据显示,我国的 R&D 经费在 2010 年超越德国之后,2013 年超过日本,目前已经成为仅次于美国的世界第二大 R&D 经费投入强国。图 1.1 报告了 1995—2015 年我国研究与开发(R&D)经费投入强度的变化情况,可见 R&D 经费投入强度呈现逐年上升的趋势,其中 2015 年的 R&D 经费投入强度是 2.1%,这是 1995 年的约 3.7 倍。这说明我国创新驱动作用显著,科技创新动力十足。但是研发强度与发达国家相比还存在很大的差距。尤其对于研发创新的主体——企业来说,我国制造业和信息技术业企业的研发投入强度还十分不足。据相关机构报道,2014 年我国制造业企业的研发投入与产品销售收入的比值仅为 1.1%,而美国为 4%,日本为 3.4%。然而,国际上普遍认为,研发强度达到 2%才能满足企业基本生存条件,达到 5%的企业才具有竞争力。因此,我国企业的研发投入还有待进一步提高,实现创新强国的任务还十分艰巨。所以,在创新驱动发展的战略背景下,在我国企业研发创新不足的现实条件下,深度剖析制约企业研发创新投入的原因,这是关系到企业存亡乃至国家发展的重要课题。

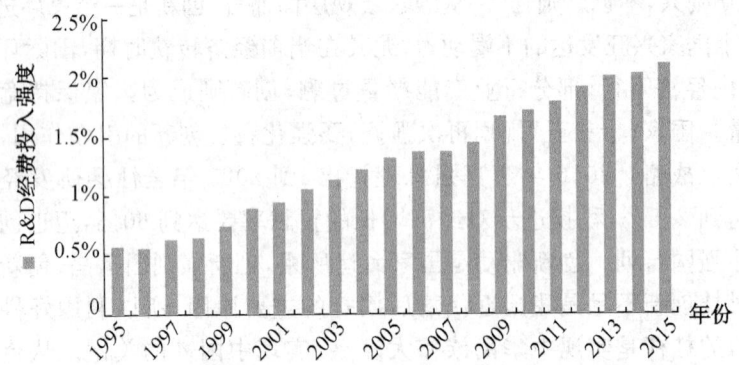

图 1.1　1995—2015 年我国研究与开发(R&D)经费投入强度

数据来源:国家科学技术部《2015 年全国科技经费投入统计公报》。

那么,到底哪些因素影响着企业的创新投入? 传统的视角主要从政府补贴、税收优惠、法律文化等宏观层面[2-5],市场结构、FDI 等行业层面[6][7]以及公司规模、公司治理、资源能力等公司微观层面[8-10]来分析影响企业研发投入的因素。但是对于那些基本面情况类似的企业或者管理者变更前后的同一家企业出现的创新投入差异现象,已有的传统理论无法给出合理解释。传统的财务理论都基于管理者理性假设,然而伴随着金融市场上出现的无法解释的异象,行为金融逐渐兴起,并提出了管理者非理性假设。心理学、经济学及社会学相关研究表明,人并不是完全理性的,而是有限理性甚至是非理性的(Simon,1955[11];Becker,1962[12]),这种非理性可能会导致人们在决策过程中偏离效应最大化的目标(Kahneman D 和 Tversky A,1979[13])。而过度自信是放松"理性人"假设后,影响决策行为最重要的一种心理偏差,且是人类心理学实验中最稳定的发现(De Bondt 等,1995[14];Gervais 等,2007[15])。它是指人们倾向于低估自己失败的概率,而高估成功的概率的心理偏差。心理学的研究成果大多表明,人们普遍存在着过度自信的心理特征。而我国传统的文化又为管理者过度自信心理的滋生提供了土壤,几千年来,儒家文化所倡导的"君臣"思想在企业中根深蒂固,"一把手"的绝对权威思想使高层管理者具有绝对的地位和决策权,从而更容易形成过度自信的心理。同时,中国经济转型期的特殊经济制度环境使过度自信的心理生根发芽。处于经济转型时期,法律制度不健全,管理者的约束机制不够完善,这样极易导致高管的过度自信。而现有关于企业创新投入决策的文献,大多忽视了高管心理偏差这一影响因素,因此,深入剖析管理者的过度自信对企业创新投入决策的影响势在必行。

Roll(1986)[16]首次拉开了研究管理者过度自信的序幕,分析了过度自信的管理者对企业并购行为的影响,提出了管理者"自以为是"假说①,这激发了学者们对管理者过度自信现象研究的热情。随后,Heaton(2002)[17]、Malmendier 和 Tate(2005a[18],2005b[19])等分析了管理者过度自信对企业投资行为的影响;Ben-David(2007)[20]、Landier 和 Thesmar(2009)[21]等分析了管理者过度自信对企业融资行为及资本结构的影响;Doukas 和 Petmezas(2007)[22]、Malmendier 和 Tate(2008)[23]等又分析了管理者过度自信对企业并购行为的影响。但是,早期的研究成果中,学者们一致认为管理者的过度自信往往会导致投资不足或者过度投资,并进行一些降低价值的并购活动[17-19][23]。那么,就存在一些质疑,既然过度自信的 CEO 不利于企业发展,为什么还有很多公司会雇用过度自信的CEO呢? 这也就是所谓的管理者过度自信之谜[24]。为了揭开这个谜底,这就开启了关于管理者过度自信与企业创新的研究之阀门。近期的研究成果从企业创新角度解释了过度自信之谜,认为过度自信的管理者大多喜欢承担风险或者开展研发创造性活动,从而会进行更多的创新投资,产出更多的专利,这样就通过提升创新能力证明了自己的价值(Galasso 等,2011[25];David 等,2012[24];Lü-dtke 和 Lüthje,2012[26];Herz 等,2013[27];Chang 等,2015[28];孔东民,2015[29];于长宏,2015[30];易靖韬,2015[31])。那么,管理者过度自信对外部融资的厌恶是否也会制约到企业创新资金的输入? 管理者过度自信对企业投资造成投资不足或者过度投资的现象在创新投资这种特殊形式中会消失吗? 管理者过度自信能否通过创新投入的增加进一步提升企业价值从而增加市场收益? 这一系列问题在已有文献中少有深入研究。因此,本书将遵循"资金来源—决策行为—决策结果"的基本思路深入剖析管理者过度自信对企业创新投入决策的影响,以更加全面地分析管理者过度自信的潜在成本及收益,回答创新是否是过度自信的管理者提升企业价值的有效渠道,从而重新解释管理者过度自信之谜。

---

① 这里也可以称为"狂妄自大假说"。

1.2 研究目的与意义

1.2.1 研究目的

本书主要以在我国沪深 A 股市场上市的制造业和信息技术业企业以及企业中拥有较高经营决策权的 CEO 为研究对象,遵循"创新资金来源—创新决策行为—创新决策结果"的思路来全面剖析 CEO 过度自信对企业创新投入决策的影响,综合这三个层面的研究结果来客观识别 CEO 过度自信为企业创新所带来的潜在成本及收益,以期寻求对企业创新投入最有效的公司治理路径,提升企业创新投入效率。

1.2.2 研究意义

1.2.2.1 理论意义

首先,本书的研究丰富了企业创新理论。已有文献大多在管理者"理性人"假设的前提下进行传统研究,本书突破了这一假设前提,从管理者非理性角度来分析企业创新投入,并且从资金来源到决策行为再到决策结果的路径来分析 CEO 过度自信对企业创新投入的影响,这能更加全面地剖析 CEO 过度自信对企业创新的利弊,这是对创新投入理论的全面补充。

其次,本书的研究推动了行为公司金融理论的研究。关于过度自信变量的度量一直没有形成统一的标准,本书从形成管理者过度自信的原因方面入手,通过 CEO 的晋升频率这一事前测量方法,构建了新的过度自信指标,这将为今后其他学者的研究提供一定的参考。此外,本书通过全面分析 CEO 过度自信的潜在成本和收益,能为一直处于争议中的管理者过度自信之谜提供更客观的解释依据,这将有利于行为公司金融理论的进一步深入。

最后,本书的研究补充了公司治理理论。本书通过理论分析和实证检验,最终得出过度自信的 CEO 对企业创新投入所带来的潜在成本及收益,并提出了相对应的抑制或促进对策,这不同于以往单一地将过度自信的 CEO 界定为对企业发展有利或有害的结论。本书有利于为企业选聘高管、构建制约或激励高管机制提供很好的思路,这完善了公司治理机制,从而进一步补充了公司治理理论。

1.2.2.2 实践意义

本书在我国现实的经济环境下,深入剖析管理者过度自信对企业创新投入决策的影响,这对提高企业创新投资效率,提升企业创新能力及企业价值具有一定的现实意义。

首先,对企业创新投资决策而言,本书的研究有利于企业制定科学、客观、合理的创新投资决策,抑制高管过度自信的负面作用,发挥其正面提升作用,从而提高企业创新投资效率,实现企业价值最大化的目标。

其次,对企业创新融资方式而言,本书通过实证检验得出,除了企业的内源融资,股权融资是最适合企业创新的融资方式,这在一定程度上为企业创新融资方式的选择提供了很好的理论依据,有助于企业选择更加合理的融资方式,从而缓解融资约束,最大限度地保证开展创新活动所需的资金来源。

最后,对企业选聘高管而言,本书的研究有助于企业更明确地识别过度自信管理者的利弊。在选聘高管时,企业不仅要关注高管的能力、学历、教育背景等,还要评估高管的过度自信程度等认知偏差。此外,考虑到高管的早期经历会影响其认知偏差,企业还要关注到高管早期的一些重大经历。只有全面综合地考察候选管理者,有针对性地选择高管,一切以企业未来的战略目标为核心,才有可能最大限度地发挥企业高管对企业创新的优势。

1.3 研究对象与相关概念的内涵界定

1.3.1 企业 CEO

在 20 世纪 60 年代,首席执行官(chief executive officer,CEO)这一称谓首次出现在美国。在美国,总裁(president)是经营班子的负责人,董事会主席(chairman)是董事会的负责人。为了凸显谁才是公司的“一把手”,美国企业才开始使用“CEO”这个称谓(宁向东,2005[32])。这也就是说,谁是企业 CEO,谁就拥有企业日常经营活动的最终决策权。在某种意义上,CEO 拥有传统公司治理结构中 50%的董事长权力和 50%的总经理权力[33]。

但是,作为公司治理方面的一项新的制度,CEO 制度在我国还处于起步阶段。在 20 世纪 90 年代,大批的网络公司为了赶时髦纷纷开始使用“CEO”这一称谓,然而却很少有沿用其制度内涵。因此,对于我国现状而言,谁是企业真正的 CEO 不能仅仅通过是否有“CEO”这一头衔来界定,而应根据企业高管所肩负的实际职责来界定。中国社会科学院学者仲继银(2002)[34]通过对上市公司的治理结构进行调查,回答了“董事长和总经理谁才是上市公司 CEO”这一问题。统计结果分为以下三种情况:第一,若企业董事长兼任总经理,则称为企业CEO,因为该企业的执行权和决策权高度统一于一人。经调查,20.9%的上市公司属于这种类型。第二,若企业董事长没有兼任总经理职位,且不经常在公司上班,那么企业总经理为该企业的 CEO。经调查,34.3%的上市公司属于这种类型。第三,若企业董事长没有兼任总经理职位,且还经常在公司上班,这种情况,则要看在实际中董事长和总经理谁的权力更大,一般而言董事长权力要高于总经理。经调查,44.8%的上市公司属于这种类型。上述第一种和第二种情形下,企业总经理为CEO的比例占到55.2%,而第三种情形下也有部分总经理是企业CEO,所以企业CEO大部分都是企业的总经理。而且我国兼任董事、副董事长和董事长的总经理与国外的CEO权力基本类似,他们在公司的重大决策中起着非常重要的作用。

基于以上分析,本书认为,企业总经理更有可能是企业的CEO。此外,随着公司治理体制的逐渐完善,企业中董事长和总经理的职务日益分离,职业经理人日渐凸显,企业总经理的职位在整个公司治理体制中的地位越来越重要。因此,本书将上市公司的总经理视为公司的CEO,并将重点关注他们的过度自信心理偏差对企业创新投入的影响。

1.3.2 过度自信

心理学方面的研究认为,过度自信是所有非理性行为中最为稳定的发现,但是由于其在直觉上似乎是一个不言而明的概念,因此学术界并未对"过度自信"形成统一的定义。本书将在理论基础和文献综述部分对此进行详尽的阐述,此处仅作简单界定。在已有研究中,学者们经常将"狂妄自大"(Roll,1986[16])、"乐观"(Heaton,2002[17])、"过度自信"(Malmendier和Tare,2005[18][19])等概念等同使用。目前,对"过度自信"的界定主要分为以下几方面:①低估企业未来损失的概率,高估企业未来收益的机会(Lin,Hu和Chen,2005[35];Goel和Thakor,2008[36])。②过低评估失败的风险,过高评估自己的能力(Hackbarth,2003[37];Malmendie和Tate,2005[18][19])。③估计值或预测值的置信区间太窄(Bernardo和Welch,2001[38];Keiber,2002[39])。

以上学者对过度自信进行了不同的界定,本书综合学者们的研究成果,认为过度自信是高估自身的判断、控制和决策等能力,高估未来成功的机会,低估未来失败的风险的一种认知偏差。

1.3.3 创新投入、融资及企业价值

1.3.3.1 创新投入

创新(innovation)的概念首次在1912年由美籍奥地利经济学家熊彼特(J. A. Schumpeter)在其著作《经济发展理论》(Theory of Economic Development)中提出[40],将创新定义为一种生产函数的重新组合或者转移,目的是为了掠取潜在的超额利润,并将创新分为以下5种类型:①引进新的工艺或新的生产方法。②生产新的产品。③开拓新的市场。④开辟且利用新的原材料或半制成品的供给来源。⑤利用新的组织方式。总之,熊彼特所定义的5种创新方式可总结为:技术创新、市场创新和组织创新3大类。随后,国内外很多学者关于创新的界定做了很多不同的研究。其中,我国学者傅家骥等人在总结前人的研究成

果的基础上,在其著作《技术创新学》一书中更加深化了技术创新的概念[41]。他们认为,狭义的技术创新是指企业为了赢得潜在的市场机会,将生产要素、生产条件和组织进行重新组合,从而建立更强、更有效、成本更低的生产经营系统的过程。而广义的技术创新是指企业从研究和开发(R&D)到狭义的技术创新再到创新扩散的整个过程。归纳如下:从研究和开发到市场为狭义的技术创新;从发明创造到技术扩散为广义的技术创新。而一般情况下的技术创新都是指狭义的技术创新,本书也将以傅家骥等人所定义的狭义的技术创新概念为基础。

众所周知,研究和开发(research and development,R&D)活动是所有企业创新链的最始端,是最终实现企业创新的具体途径,是提升企业自主创新能力的根本方式。因此,本书将通过聚焦企业的R&D活动来分析企业的创新活动。本书的研究范畴中,所有的企业创新行为等同于企业R&D行为,企业的创新投入也将通过企业R&D投入来刻画,如无具体说明,两者之间无任何差异。

研究与开发(R&D)活动包括研究和开发。其中,"研究"活动在《牛津现代高级英汉双解词典》中被定义为:所进行的一系列调查,目的是要通过获得的额外信息,来发现新的事实;"开发"活动被定义为:一种技术活动,它可以结合已有的知识和新的研究成果。而研究活动又包括基础研究和应用研究,其中基础研究主要是为了发现新的知识,如宇宙、星系及遗传等方面的研究,企业较少参与此类研究。应用研究是指研究已有知识对某种目的的应用可能性的活动,一些企业往往会参与该类型的研究。技术开发是指通过应用已有的技术,开发新的工艺、新的产品或新的系统,并且最终实现商业化的过程,这种类型的活动一般情况下是由企业来参与。由于本书重点关注的是微观企业层面,因此本书的研发活动主要界定为企业所从事的应用研究和技术开发活动。

一般而言,R&D投入包括资金投入和人员投入。R&D的资金投入是指在研发活动的整个过程中,所产生的与研发活动相关的一切费用支出。这包括在整个研发活动中以合理的基础分配计入的间接费用和所发生的直接费用等,具体包括以下几方面:

(1)科技工作人员的工资、福利、奖金和津贴以及其他相关的人工费用。

(2)在整个研发活动中所消耗掉的材料和协作等费用。一般包括企业所购买的材料和文献等相关费用,以及有关的咨询费用和劳务费用等。

(3)研发活动中产生的相关折旧费,主要包括设备、厂房等固定资产所分摊的折旧费用。

(4)研发活动中无形资产的摊销费用,包括从外部购买的无形资产的摊销。

(5)管理费用。这是指在整个研发活动中,由于组织、协调等工作所产生的费用。包括管理人员的工资、奖金等人员费用以及管理部门的差旅费和办公费等。

(6)与研发活动相关的其他费用。包括除以上费用之外的一些保险费用和水电费等。

本书的研发投入主要考虑了资金方面的投入,人员投入并未列入其中。

1.3.3.2 融资

融资(financing)是指资金的融通。广义的融资是指货币资金的融通,也叫做金融。它是指当事人在金融市场上通过不同的方式进行筹借或者贷放资金的行为,不仅包括资金的来源还包括资金的运用。而狭义的融资是指企业进行资金筹集的过程和行为,即企业通过估测自身的经营情况及现金流的使用状况、未来发展的需要等,采取不同的方式,通过一定的渠道获得企业投资者的资金,以保证企业未来的生产经营需求。这是企业的一种理财行为,且应遵守一定的规则,通过一定的渠道去实施。本书所界定的企业融资主要是狭义角度的融资,重点关注企业的资金来源。

根据资金来源的不同途径,企业融资一般分为内源融资和外源融资两大类。其中,内源融资是指盈余公积、未分配利润以及折旧等。由于内源融资的融资成本较低,因而成为企业尤其是一些存在融资约束的中小企业进行融资的重要渠道。外源融资主要包括股权融资和债权融资。股权融资是指企业为了满足资金需求,为了吸引外部资本,向外开放部分所有权资本,其特点是引入了新的股东。债权融资是指企业为了获取资金,向一些金融机构甚至个人进行借贷的融资方式。这一融资方式的特点是要求支付资金利息,且还需要偿还资金的本金,存在着破产的风险。通过对比这两种不同的外源融资方式发现,股权融资的优势是无须还本付息,劣势是由于股权的过度分散存在失去控制的风险;债权融资的优势是并不涉及所有权问题(杨平波,2010)[42],劣势是需要支付利息,存在破产风险。本书将重点关注企业的内源融资和外源融资这两大类融资方式。

1.3.3.3 企业价值

企业价值并不是企业各项资产的简单加总,而是对企业各项实物及非实物资产有机组合的整合效应。因此,它是一个较系统的、整体的概念。它不仅考察了企业过去和现在的盈利能力,而且还考察了企业未来的发展能力(姚益龙和高筠燕,2003[43])。通过不同角度对企业价值进行分析,其理解是不同。会计师关注的是企业的账面价值;经济师关注的是企业的公允价值;分析师关注的是企业的市场价值。一般情况下,关于企业价值的界定主要包括以下几方面:①根据企业价值的决定因素不同,企业价值主要包括账面价值、财务内在价值、重置价值以及市场价值。②根据企业价值的组成部分不同,企业价值主要包括债权价值和股权价值。③根据企业价值的存续状态不同,企业价值主要包括持续经营价值和清算价值。可见,学者们对企业价值的理解各不相同,企业价值的内涵越来越丰富。总结国内外学者的研究成果,本书将企业价值界定为:企业在考虑风险价值以及资金时间价值的情况下,其所有的资产或资源能够为企业创造财富的市场价值,这里不仅包括企业现有的且包括企业潜在的获利能力的价值。这里的"资产或资源"主要包括企业的有形资产和无形资产,由于本书关注企业的创新投入,因此重点考察企业的无形资产所带来的企业价值。

1.4 研究内容、研究思路及研究方法

1.4.1 研究内容

为了系统地分析 CEO 过度自信对企业创新投入决策的影响,深入地剖析过度自信的 CEO 在资金方面是否制约着企业创新资金来源;在决策行为方面,其对企业投资的不利影响是否在企业创新投资这种方式中消失;在决策结果方面,其是否会通过企业创新投入提升企业价值及市场收益,从而有效识别过度自信 CEO 潜在的成本及收益,提出相应的对策。围绕这些研究问题,本书主要包括以下内容:

(1) 探寻度量 CEO 过度自信的合理指标。能合理、客观地度量 CEO 过度自信水平,这是开展此方面研究的重点和难点。在进行一系列论证之前,本书首先从心理学角度、事前测量角度出发,通过手工搜索样本企业 CEO 的个人履历表,根据 CEO 早年的升职情况测算出 CEO 晋升频率指数,最终重新构建了 CEO 过度自信指标。

(2) 资金来源方面,分析过度自信 CEO 是否会制约企业创新资金来源,进而导致企业创新投资扭曲。首先,构建基于 CEO 过度自信的企业创新投融资两期理论模型,通过模型分析 CEO 过度自信的企业创新投融资选择。其次,从宏观层面实证检验外部金融市场对企业创新投入的影响并探究其影响渠道,以期验证外部资金来源对企业创新投入的重要性。然而,由于已有研究表明过度自信的管理者很少进行外部股权融资,所以,接着从微观层面实证剖析 CEO 过度自信是否由于不进行外部融资,加剧了融资约束,从而造成企业创新投资扭曲。最后,综合理论模型分析、宏观和微观层面实证检验三部分的结果得到最终结论。

(3) 决策行为方面,分析 CEO 过度自信如何影响企业创新投入决策。首先,构建包含融资约束在内的 CEO 过度自信职业生涯关注模型,通过模型分析 CEO 过度自信与企业创新投入决策之间的关系。其次,从宏观层面实证检验企业创新投入的城市效应及其影响渠道,以期验证企业家特征对企业创新投入的重要性。接着从微观层面实证分析 CEO 过度自信对企业创新投入的影响,并关注不同类型企业的影响差异。最后,综合理论模型分析、宏观和微观层面实证检验三部分的结果得到最终结论。

(4) 决策结果方面,分析 CEO 过度自信是否能够通过企业创新投入提升企

9

业价值及市场收益。为了验证 CEO 过度自信是否能够通过促进企业创新投入从而提升企业未来的表现,本书主要从企业价值和市场反应两个层面来进行分析。首先,实证检验 CEO 过度自信是否通过企业创新投入能够提升企业价值。其次,实证检验 CEO 过度自信是否能够通过企业创新投入提高企业未来的股票收益。同时,我们也关注到易受融资约束企业和不易受融资约束企业的影响差异。最后,根据两个层面的实证结果,得出最终结论。

(5) 客观识别 CEO 过度自信的潜在成本和潜在收益。综合资金来源、决策行为和决策结果三个方面的研究结果,本书深度识别了 CEO 过度自信在企业创新过程中所存在的潜在成本及潜在收益,以期提出保证成本最小化和收益最大化的一些有效对策。

1.4.2　研究思路

围绕以上研究内容,本书将按以下思路开展研究:

首先,本书通过逐层递进的方式对高层梯队理论、决策中的非理性理论、非理性中的过度自信理论以及过度自信对企业投融资或企业价值影响等方面的文献进行全面、系统的梳理,找到了问题分析的切入点。

其次,通过早年晋升频率指数来构建 CEO 过度自信指标,揭示我国企业的高管普遍存在过度自信心理的现状,为后续实证研究提供现实的立论依据。

再次,通过理论模型分析和计量经济学实证方法,遵循从创新资金来源到创新投入决策行为再到创新投入决策结果的基本路径,全面剖析 CEO 过度自信对企业创新投入决策的影响。

最后,根据各个阶段的实证结果,深入分析 CEO 过度自信对企业创新所存在的潜在成本和收益,并探寻能保证其成本最小化和收益最大化的公司治理路径,从而提出提升企业创新投入的有效策略。

具体研究技术路线如图 1.2 所示。

1.4.3　研究方法

本书在研究过程中运用了文献研究法、跨学科研究法、理论分析和实证检验相结合的方法及比较分析法等。

(1) 文献研究法。笔者广泛查阅国内外的文献书籍,及时跟踪本领域研究的最新动态;通过系统、全面地梳理文献,找到了研究问题的切入点;通过仔细研读文献,掌握有关行为公司金融和企业创新管理方面理论的基础和进展,为后续研究的开展打下良好基础。

(2) 跨学科研究法。笔者全面整合了心理学、行为金融学、管理学等不同学科的基础理论知识,立足于心理学理论构建 CEO 过度自信指标,在此基础上从行为金融角度尝试解决管理学中常见的企业创新决策问题。

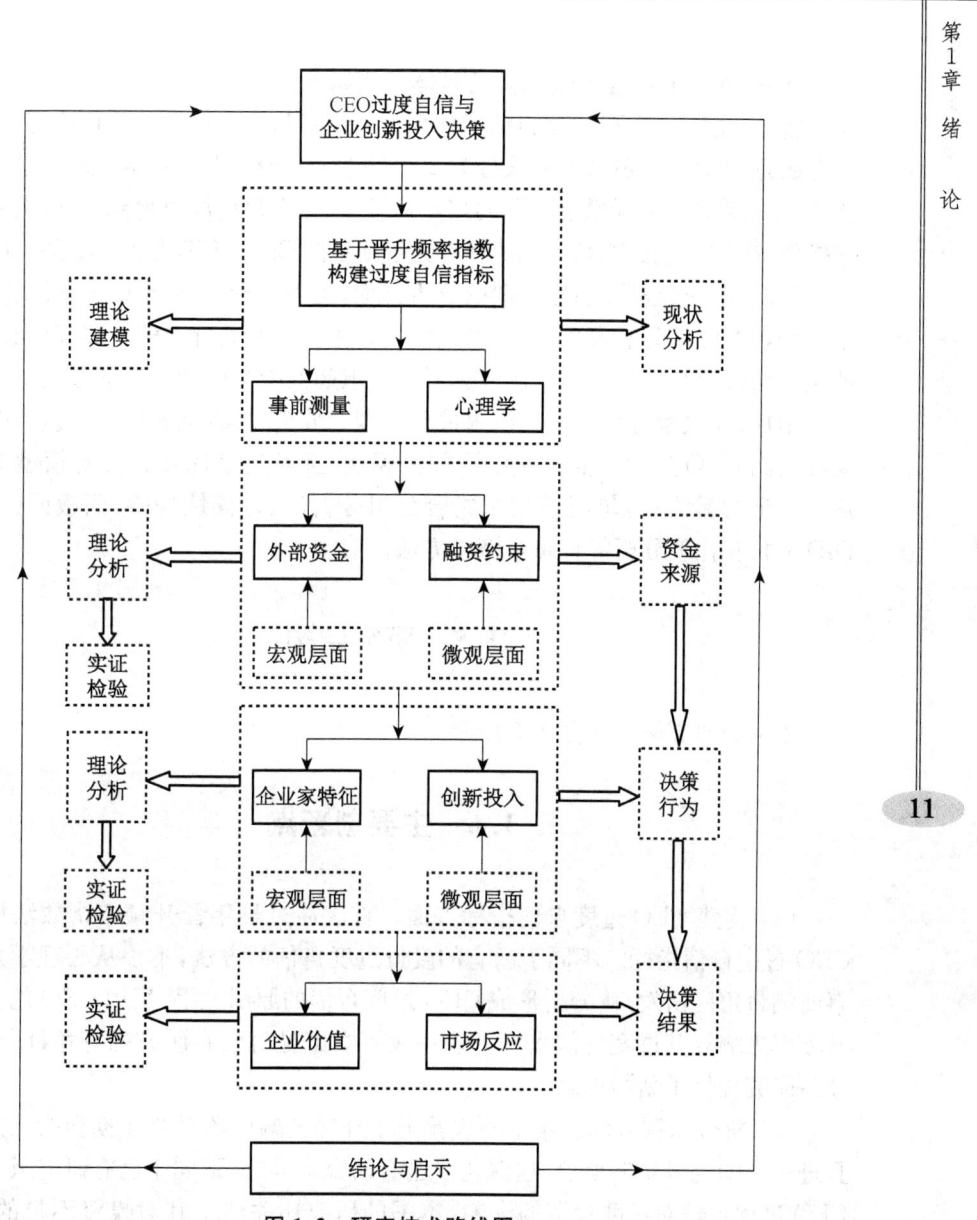

图 1.2　研究技术路线图

（3）理论分析和实证检验相结合的方法。首先通过理论分析,建立理论模型,并进行模型推导,提出立论依据;然后利用计量经济学方法建立回归模型,进行实证检验。通过理论分析结果和实证检验结论相互验证,以达到两者的统一。

（4）比较分析法。在实证检验过程中,笔者将不同类型的企业(大企业和小企业;年轻企业和成熟企业;国企和非国企以及融资约束企业和非融资约束企业)、不同类型的城市(高成长型和低成长型;东部、西部和中部城市、一线、二线和三线城市)的企业创新投入情况做了详细的对比分析,从而使研究更加深入。

此外,在研究过程中使用到的具体方法如下:

首先,在构建 CEO 过度自信指标部分。笔者基于心理学相关理论,分别将管理者成为 CEO 之前的晋升阶段分为 20～30 岁、30～40 岁、40～50 岁和 50～60 岁四个阶段,将各个阶段赋予不同的权重,通过综合指数法加总得到 CEO 的晋升频率指数,然后将其排序,位于前 1/3 者为过度自信 CEO,否则为非过度自信 CEO。

其次,在资金来源部分。理论分析方面,笔者构建了基于 CEO 过度自信的企业创新投融资两期模型,并通过最优化方法对模型进行求解。实证检验方面,使用了面板回归、DID 分析、比较分析及安慰剂检验等计量经济学方法。

最后,在决策行为和决策结果部分。理论分析方面,笔者构建了包含融资约束在内的 CEO 过度自信职业生涯关注模型,且通过最优化方法对模型进行求解。实证检验方面,笔者使用了组合分组分析法、差异性检验、面板回归分析、DID 分析及比较分析等计量经济学方法。

1.5 研究结构

本书的研究框架如图 1.3 所示。

1.6 主要创新点

(1) 构建 CEO 过度自信指标方面。首次通过早年晋升频率指数法构建了 CEO 过度自信指标。不同于已有的度量过度自信的方法,本书从心理学角度和事前测量角度出发,从分析形成 CEO 过度自信的原因入手,运用 CEO 的早年晋升频率来测算其过度自信水平。这一大胆尝试是对已有研究的有益补充,且为今后研究提供了新的思路。

(2) 资金来源方面。本书不仅验证了外部金融市场对企业创新投入的影响且进一步探究其影响渠道,这深化了已有研究。同时,不同于已有研究只关注到 CEO 过度自信对过度投资的影响,本书的研究还关注了其对投资不足的影响,且探讨什么情况下引起过度投资或投资不足,这丰富了已有研究。

(3) 决策行为方面。在已有的过度自信职业生涯关注模型基础上引入了融资约束变量,这是一大突破。此外,鲜有文献将研究视角具体到城市层面来分析其对企业创新投入的影响,本书不仅聚焦到城市层面且进一步探索其影响渠道。同时,本书首次构建了企业家活力指数,这一主要贡献为今后的研究提供了可借鉴的工具。

(4) 决策结果方面。已有研究大多关注管理者过度自信对企业创新的直接影响,但很少关注到其是否可以通过企业创新投入进一步影响到企业未来的表现,本书通过引入 CEO 过度自信与企业创新投入的交叉变量,解决了这一问题。

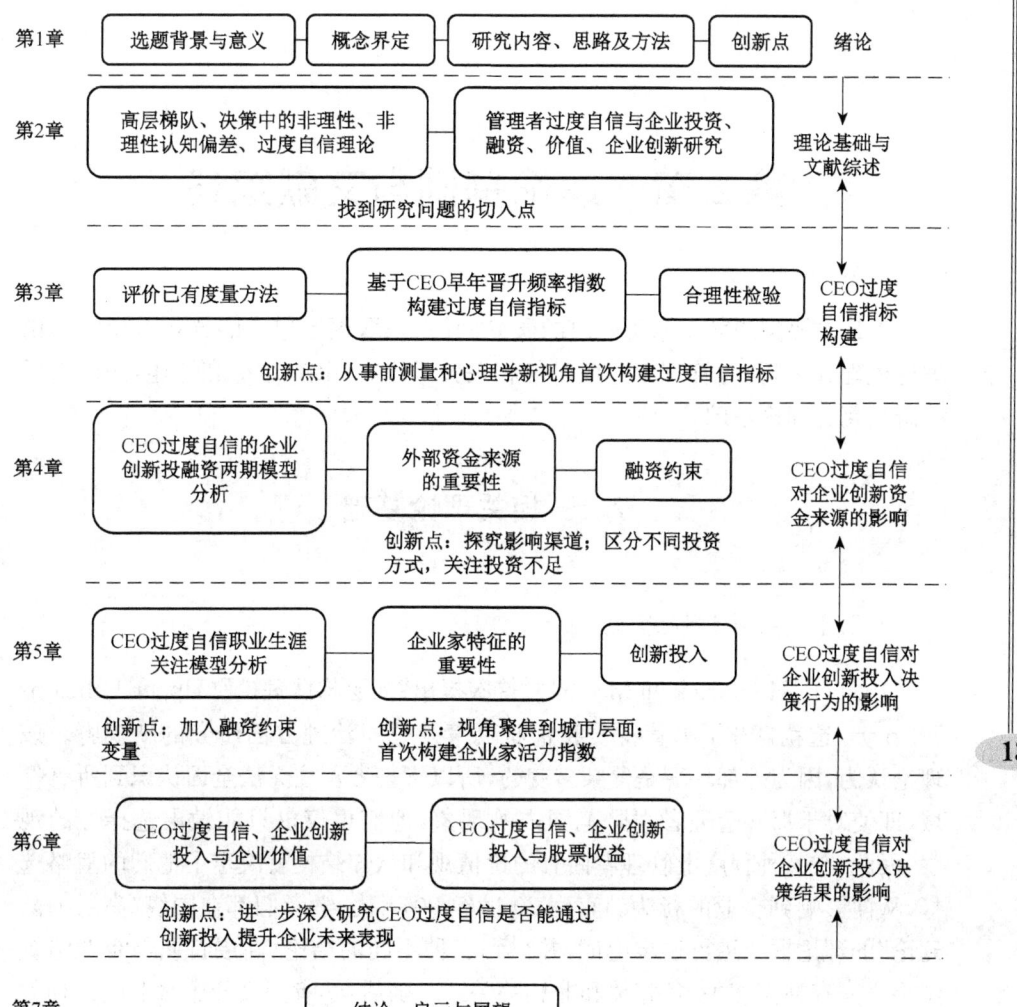

图 1.3　研究框架图

第2章 理论基础与文献综述

本章主要围绕第1章所提出的研究问题,采取逐层递进的方式对相关理论进行梳理和分析,对管理者过度自信相关文献进行归纳、总结和评述,从而为后续研究奠定理论基础。

2.1 相关理论基础

2.1.1 高层梯队理论

1984年,Hambrick和Mason[44]首次提出"高层梯队理论"(Upper Echelons Theory),这就打开了高管特质和企业决策及公司治理方面研究的新视野。该理论认为,因为外部环境是复杂多变的,所以管理者往往无法全面认识到所有领域,即使对于那些管理者视野范围内的现象,他们也仅仅只能做出选择性的观察,因此,在某种程度上管理者固有的价值观和认知结构就决定了他们的战略选择,从而影响到企业的行为。直到20世纪90年代,学者们都在围绕"高层梯队理论"的理论框架进行逐步论证,并得到三种不同的结论:高层特质与企业组织结果之间存在正相关、负相关和非相关关系。随后,学者们又开始对形成这种差异的原因进行不同的解释。国内使用"高层梯队理论"始于21世纪初,由最开始的分析高管个人特质对企业战略选择的影响转向广泛探讨高层团队的异质性结构对企业并购等行为的影响(杨林和杨倩,2012[45])。可见,高层梯队理论已经得到了深远的发展。

以卡耐基的有限理性人假设为前提,高层梯队理论认为,高层管理人员并不总是理性的,他们在对信息的处理过程中,会很自然地受到已有的认知、情绪和价值观的影响,从而进行不同的判断和选择,形成不同的决策。Simon(1958)[46]认为,任何一个管理者都会将自身的个人特征和相关偏好带入工作中。Cyert和March(1965)[47]认为,对于那些越高级和越复杂的决策,管理者越有可能根据个人特征和偏好进行判断,而非根据技术、经济等理性因素。此外,该理论还有两个很重要的假设前提:一是高管团队的心理特征会影响决策过程;二是高管的背景特征在一定程度上反映了他们的心理特征。总之,高层梯队理论的提出为管理者特质与企业决策关系方面的研究奠定了良好的理论基础。

2.1.2　决策中的非理性理论

决策是指决策者对人或者事物进行判断和选择的过程。决策者是人本身，而人就是理性和非理性的结合体，那么，决策过程就必然带着人的非理性因素。Simon在论文"Behavior Model of Rational Choice"中首次提出了有限理性理论，认为"应该用一种符合实际的理性行为来替代经济人所指的全能的理智行为"[11]。该理论获得了1978年诺贝尔经济学奖，由此掀起了对非理性理论研究的浪潮。与理性因素不同，非理性因素具有突发性、不自觉性、非逻辑性等特点，且多表现为直觉、情感、欲望、灵感以及信仰等。因此，在决策过程中不仅存在理性因素的影响，还受到直觉、欲望、信仰等非理性因素的影响。决策中的非理性主要存在以下特点：

（1）现实性。决策者在决策过程中会根据一定的需要而产生对特定事物的渴求。在一定条件下的渴求或欲望是具体的，能够通过一定的努力而实现，这就是欲望的有限性。但是同时欲望又是不断发展的，随着欲望的不断发展而不太容易满足，这就是欲望的无限性。而作为非理性因素的重要表现形式，欲望具有现实性，是人类生存和发展的必然要求。在决策活动中，应该正确对待类似欲望等非理性因素，并创造条件去满足这些需求。

（2）创新性。在决策过程中，应该努力创造条件使类似欲望等非理性因素得到足够的满足。只要管理者的非理性因素得到满足后，他们的积极性、创造性、主动性才可以真正发挥出来。在决策活动中，类似激情、情感等非理性因素可能是一种无比强大的创造性力量，会突破种种障碍，创造更多新的要素。

（3）易变性。决策者是最活跃的因素，决策者的非理性具有突发性、易变性和波动性等特点。这通常通过满意或不满意、愉快或忧愁等方式表现出来，而这些情感的发生会随着条件的不断改变而改变。比如，当人的欲望得到充分满足，决策者可能会出现满意等正面的情绪；而当欲望无法得到满足时，决策者又会表现出愤怒等负面的情绪。所以，决策者的这种非理性因素是不断变化的。

（4）预见性。在决策活动中，理性的决策者可能会通过掌握更充分的信息，最终理性地选择最优的方案。然而有限理性并不可能掌握极其充分的信息，也没有充分的时间来合理选择方案，而是根据直觉、潜意识等因素来作出决策。但是类似直觉或潜意识等非理性因素也具有预见性、创造性和前瞻性。因为可以依靠理性的指导和丰富的经验来判断非理性因素可能带来的风险及收益，所以具有可预见性的特征。

2.1.3　非理性认知偏差理论

认知心理学（cognition psychology）认为，由于人们所拥有的知识和信息是不确定的、复杂的,因此在认知过程中,能够利用这些已有的信息和知识作出最优的判断和决策是十分困难的,人们甚至还可能不完全地或者错误地利用这些信息和知识,从而作出偏差的判断和决策[48]。如图 2.1 所示,Einhorn 等(1981)[49]认为,人们在决策过程中一般包括信息获取、信息加工、信息输出和信息反馈四个过程,每一过程都会受到外部环境和自有知识结构的影响,由于人们的记忆和计算能力是有限的,且决策是在特定的环境之下作出,因此,人们的认知和决策必定存在偏差。

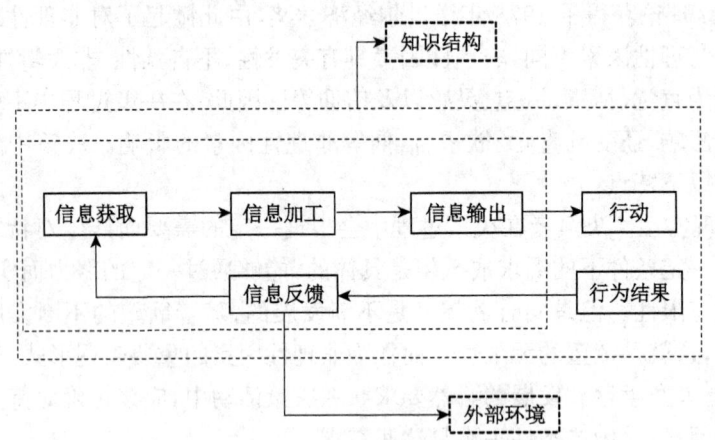

图 2.1　人们认知和决策的过程

资料来源:Einhorn 等(1981)[49]。

认知偏差存在于决策过程的每一个阶段,有关学者将认知偏差过程进行了系统全面的总结,如图 2.2 所示,根据研究成果可见,人们在信息输出阶段,可能

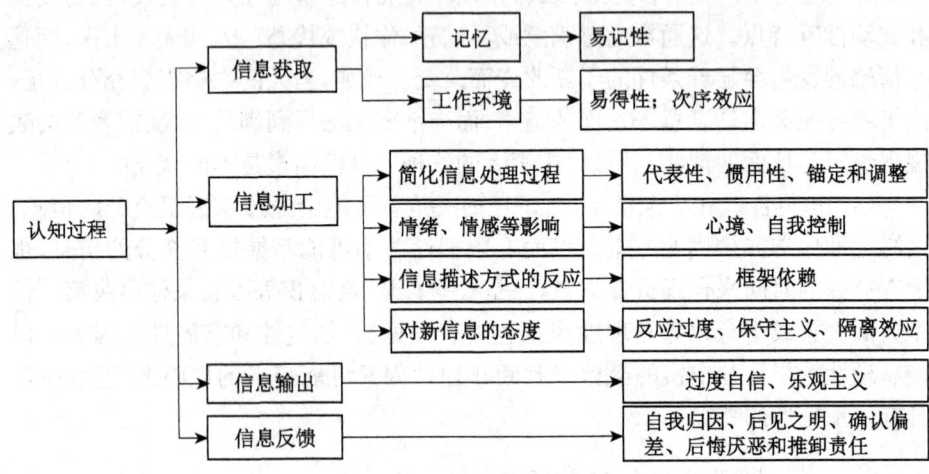

图 2.2　人们认知过程中的偏差

资料来源:余明桂等(2006)[50]。

存在乐观主义或过度自信的心理倾向。当人们倾向于某种结果时,就会低估某种结果失败的概率,而高估其成功的概率,这样就会对未来的结果表现出过度自信。此外,人们在信息反馈阶段会产生自我归因和后见之明等认知偏差,这样反而会进一步加剧过度自信,使原先的认知偏差进一步强化。可见,非理性认知偏差是管理者存在过度自信心理状态的理论基础。

2.1.4 过度自信理论

2.1.4.1 过度自信的定义

"过度自信"(over confidence)这一概念最早起源于20世纪60年代的心理学关于概率判断和校准方面的研究,在20世纪70年代末被心理学家们广泛使用。心理学家主要从以下三个方面来进行定义:第一,过度自信定义为人们对自身能力、业绩、机会或者控制的过高估计(Clayson,2005[51]);第二,过度自信定义为人们高估了相对他人的能力(Zenger,1992[52]),这类人普遍认为自己拥有比他人更多的能力(Glaser和Weber,2007[53])。第三,过度自信定义为人们认为自身拥有的信息比实际的信息更精准(Soll等,2004[54])。总结这三种不同的定义可知,第一种和第三种都是对自身能力或者掌握信息的高估,属于"独立型"过度自信;而第二种是将自身和他人进行对比从而高估自身,属于"参照型"过度自信。尽管学者们对过度自信的定义方式不同,但是相关研究表明,不同的定义方式之间也存在一定的联系,而且三定义都一致赞同的是,过度自信是一种认知偏差而非特定的人格特质。

同时,在不同学科情景下所定义的过度自信也是不同的。在经济管理学领域,人们对过度自信的定义也不尽相同,有的视其为一种人格特质,有的视其为认知偏差,有的还将过度自信与(过度)乐观相互交替使用。但是,过度自信和(过度)乐观并不相同,两者之间存在很大的差别,甚至有研究认为两者之间不具有相关性(Brettel等,2008[55])。首先,(过度)乐观是一种人格特质(Lounsbury等,2004[56]),因此具有相对稳定性。大多数的人不是乐观的就是悲观的,只可能存在程度不等;而过度自信却具有不稳定性,且具有情境性(Griffin和Varey,1996[57]),人们有可能对某种任务表现得过度自信,而对另一种任务则表现得不是很自信。其次,(过度)乐观可能会影响到情绪或行为(Lounsbury等,2004[56]);而过度自信是影响人们思维的认知过程(Bandura,1997[58])。所以,本书将重点关注过度自信这种认知偏差,使用"过度自信"这一概念,并将其定义为:低估未来失败的风险,高估自身判断、决策和控制等能力,以及高估未来成功的机会的一种认知偏差。

此外,过度自信还具有普遍性和相对稳定性等特征。心理学领域的很多专家都一致认为过度自信的现象在投资者、医生、工程师、律师、企业家、高级经理等职位普遍存在(Froot和Frankel,1989[59])。同时,作为一种认知偏差,过度自信并不同于一种人格特质,它具有相对稳定性,在不同的情景会呈现出不同的表现。已有研究无论从理论模型还是实证分析都一致得出结论认为,代理人的过度自信长期存在,但随着时间的推移会逐渐递减(陈其安等,2005[60])。所以,过度自信是相对稳定的,在一定时间范围内保持不变,但随着时间的逐渐推移,会逐渐消减。

2.1.4.2 过度自信的表现

通过归纳现有关于过度自信的相关文献发现,过度自信一般表现为:置信区间过小、优于他人幻觉、控制幻觉和过度乐观。

(1) 置信区间过小。已有研究表明,过度自信的人往往对事情概率估计的置信区间过小。Fischhoff 等(1977)[61]认为,过度自信的人常会认为一些小概率事件总会发生,甚至认为发生的概率高达 90%,这样就会错误地估计不确定事件发生的概率。因此,过度自信其中的一种表现形式就是置信区间太窄,这种现象在职业经理人身上也比较普遍。

(2) 优于他人幻觉。已有研究表明,过度自信的人往往认为自己的能力要明显高于其他人,同时,他们往往认为成功的原因是自己的能力,而失败的原因都归为运气不好导致(Langer 和 Roth,1975[62];Nisbett 和 Ross,1980[63])。因此,优于他人的幻觉也是过度自信的一种表现。这种现象同样在管理者身上存在。

(3) 控制幻觉。已有研究表明,过度自信的人会习惯于高估其对不确定事件的结果的控制能力。比如,在抽取彩票过程中,人们往往习惯自己挑选彩票而不是随机分配彩票,他们认为自己挑选的彩票中奖概率会更高,实际上两者之间产生的结果并无不同。因此,控制幻觉是过度自信的一种表现。这样的现象同样在管理层领域也得到证实。有研究表明,这些具有决策权的 CEO 更可能存在控制幻觉,他们常常低估投资项目失败的概率(Langer,1975[62];Weinstein,1980[64])。

(4) 过度乐观。前面的概念界定部分已经阐明过度乐观是过度自信的一种表现方式。大量研究也表明过度自信的人倾向于高估好的事情发生的概率,而低估不好的事情发生的概率。Weinstein(1980)[64]发现,人们常常认为自己身上会发生好的事情,而别人身上则不会发生。在管理层方面,也没有例外。已有研究曾经对企业家的情况进行调查得出,81%的企业家会认为本企业存活的概率要高于 70%,33%的企业家会认为本企业存活的概率要达到 100%。

2.1.4.3 过度自信的成因

摸清形成人们过度自信心理的主要原因,这是研究过度自信最关键的一步。已有研究成果已经为后续研究奠定了基础,通过梳理相关文献,总结已有研究发现,造成人们过度自信的原因主要分为自身因素和外部环境两大类,其中自身因素包括心理因素和个体差异;外部环境包括情景因素和任务差异。

1. 自身因素

1) 心理因素

自我归因偏差是主要的心理因素,是指人们往往习惯于将成功的原因归为自身的技能,而将失败的原因归为运气不好或者其他不可控制的因素。已有研究表明,自我归因偏差是形成过度自信的一种重要原因(Kahneman 和 Tversky,2000[65];Hirshleifer,2001[66];Baker 等,2004[67])。由于自我归因偏差导致人们高估一些对自己有利的信息,而低估对自己不利的信息,因此,进一步加剧了过度自信心理的形成。此外,在管理者群体中,自我归因偏差对过度自信的影响同样得到了学者们的验证(Doukas 和 Petmezas,2007[22];Billett 和 Qian,2008[68])。

除了自我归因偏差,还有过度承诺(Weinstein,1980[64])、启发式偏差(Kahneman 和 Tversky,1982[69])以及自我强化(Weinstein 和 Klein,2002[70])等多种心理因素也会导致人们过度自信心理的形成,这里就不一一叙述。由于本书后续部分将重点关注到自我归因偏差因素,因此这里对其做了重点介绍。

2) 个体差异

除了心理因素,人们的性别、年龄、学历、经历等个体差异也会影响过度自信。

第一,性别因素。有关性别与过度自信之间关系的研究并未形成一致的结论。表 2.1 总结归纳了近期有关性别与过度自信之间关系的研究结论,可见部分学者支持男性往往比女性会更容易过度自信,而另一部分学者则认为不同的性别对过度自信的影响并不大。此外,还有一些学者认为,不同性别的过度自信程度受到一定条件的限制,如任务类型等,不同的任务可能导致不同性别对过度自信的影响不同。比如,在适合女性化的工作中,女性更容易过度自信(Cathy,1991[71]);在与金融相关的工作中,男性可能更容易过度自信(Barber 和 Odean,1998[72])。

表 2.1 学者们对性别与过度自信关系的研究

研究结论	学 者
男性比女性更容易过度自信	Lewellen,等,1977[75];Stankov,1998[76];Niederle 等,2007[77]
不同性别无明显差异	Beyer,1990[78];黄永杰,2003[79];姜付秀等,2009[80]

第二,年龄因素。关于年龄与过度自信之间的关系,学术界也没有形成一致的观点。表 2.2 列示了相关学者的研究结论,可见一些学者赞成年龄和过度自信之间存在正相关关系的观点,而另一些学者则持相反的观点,还有部分学者认为两者之间并不存在明显的关系。因此,关于年龄对过度自信的影响还有待进一步考证。

表 2.2　学者们对年龄与过度自信关系的研究

研究结论	学　　者
年龄与过度自信存在正相关关系	Dittrich、Guth 和 Maciejovsky，2005[81]
年龄与过度自信存在负相关关系	Landier 和 Thesmar，2004[82]；江伟，2008[83]
年龄与过度自信无明显关系	Malmendier 和 Tate，2008[23]；姜付秀等，2009[80]

第三，学历因素。与前面类似，关于学历与过度自信之间的关系也未形成定论。一些学者认为人们的受教育程度与过度自信之间不存在明显关系（Brettel、Kasch 和 Mueller，2008[55]）；另一些学者则认为随着人们受教育程度的增加，过度自信程度也将逐渐增加（Ben-David 等，2007[20]）；还有学者认为有过 MBA 学历的管理者更容易积极进取一些（Bertrand 和 Schoar，2002[73]）。

第四，经历因素。已有研究表明，管理者的过度自信并不是与身俱来的，而是受到过去经验的影响。Kirchler 等（2002）[74]认为，当人们拥有丰富的成功经验，或者当人们位高权重时，更可能形成过度自信的心理。

总之，除了以上这些个体差异，还有教育背景、人格特质等因素的影响，但是，所有的这些个体差异与过度自信之间的关系并没有得到一致的结论，因此，还有待今后进一步挖掘。

2. 外部环境

1）情景因素

在不同的公司治理环境、不同的公司决策环境以及不同的文化环境下，人们的过度自信程度是不同的。

第一，公司治理环境。已有研究表明，当公司治理机制不完善，对管理者的约束和监督不够积极时，会加剧管理者的过度自信程度（Hayward 和 Hambrik，1997[84]），他们还认为当董事长同时兼任总经理或者内部董事比例较高时，管理者的过度自信程度更为严重。同时，Paredes（2004）[85]的研究表明，公司治理是导致 CEO 过度自信的原因之一，他甚至认为过度自信是公司治理不够完善的产物。

第二，公司决策环境。已有研究表明，决策环境的不同，过度自信程度也不同。Simon 和 Houghton（2003）[86]认为，当决策环境越模糊时，人们的过度自信程度越严重。Chen、Greene 和 Crick（1998）[87]认为，正是由于这种不确定性的环境加剧了决策制定的偏差。这一观点在很多文献中也得到了论证（Cooper 等，1988[88]；Shane 等，2000[89]）。

第三，文化环境。对于文化对过度自信影响的研究，主要集中于过度自信是否存在文化差异，或者如果存在文化差异其原因是什么。学者们的研究表明，不同的国家，不同的文化，过度自信的程度是不同的。例如，Acker 和 Duck

（2008）[90]通过研究得出，相比西方文化，在亚洲文化下人们更可能过度自信（日本除外）。还有学者研究表明，中国学生比新加坡学生更容易过度自信（Li、Chen 和 Yu，2006[91]）。因此，种种证据表明，过度自信心理会受到外部文化的影响。

2）任务差异

任务差异对过度自信的影响主要表现为：不同类型的任务对过度自信的影响；不同难度的任务对过度自信的影响。

第一，任务类型的不同。有研究表明，相对感性判断，在认知判断的任务中人们更容易过度自信（Keren，1988[92]）；在类似词汇等知识问题的测验上会表现的过度自信（Kleitman 和 Stankov，2001[93]）；在情感或者感知类任务中会表现的自信不足（Stankov，1998[76]）；当决策任务越富有挑战时，越容易过度自信（饶育蕾和张轮，2005[94]）。因此，不同的任务类型导致过度自信的程度也是不同的。

第二，任务难度的不同。关于任务难度与过度自信之间关系的研究，已有研究并未达成一致的结论。一些学者认为，随着任务难度的逐渐增加，过度自信的程度也会不断增加（Brenner 等，1996[95]）；另外一些学者则认为，在较容易的任务中，人们可能更容易过度自信（Moore 和 Cain，2007[96]）；还有部分学者认为任务难度对过度自信的影响会因为过度自信类型的不同而不同。例如，在容易的任务中，参照型过度自信程度偏高；在困难的任务中，独立型过度自信程度偏高（Moore 和 Small，2007[97]）。因此，尽管学者们并未对两者之间的关系形成统一的定论，但是任务难度的确是影响过度自信心理的一个因素。

2.2　相关文献综述

1986 年 Roll 首次将过度自信这个心理学概念引入管理学领域，这才开创了管理学领域研究过度自信的先河。之后，随着行为金融的逐渐发展，管理者过度自信对企业发展的影响得到了理论界和实务界的广泛关注，同时涌现出大量的文献。结合本书的研究问题，这里主要针对管理者过度自信与企业投资、企业融资、企业价值以及企业创新方面的文献做了系统的梳理。

2.2.1　管理者过度自信与企业投资

有关管理者过度自信与企业投资之间关系的研究成果颇多，这为本书后续开展相关研究提供了良好的理论依据。这里主要从理论分析和实证检验两方面来进行综述。

（1）理论分析方面。Roll（1986）[16]首次从理论层面分析管理者的"狂妄自大"对企业并购的影响，认为其会造成企业的过度并购，这也同样适用于其他投资方式。此后十几年，这方面的研究并未得到学者们的重视。直到 2002 年，Heaton[17] 通过一个两阶段模型得出，在不同的现金流水平下，管理者过度自信可能会导致投资过度或者投资不足，也就出现所谓的投资扭曲现象。具体表现为过度自信的管理者认为，外部融资成本过高，他们不会依靠外部融资，这样当内部资金不足时就会放弃一些净现值为正的项目；而当公司存在大量自由现金流时，他们会高估收益和投资机会。即使他们对股东的忠诚度非常高，也可能会投资那些净现值为负的项目。这就为今后此方面的研究铺垫了理论基础，并且吸引了大量学者开展深入的研究。Malmendier 和 Tate(2005)[18] 通过构建两期模型分析了在不同的融资方式下，管理者过度自信与企业投资之间的关系，并进行了实证检验，这是首篇进行实证验证的文献，本书将在实证检验部分对此进行详细阐述。

与 Heaton(2002)[17]、Malmendier 和 Tate(2005)[18] 所提出的静态模型不同，Gervais 等(2003)构建了一个公司投资决策动态模型，得出与 Heaton(2002)类似的结论，认为过度自信的管理者更容易接受一些投资项目，尤其会接受一些净现值为负的项目。随后 Gervais 等(2007)[15] 再次通过实物期权的理论验证了该结论。

Goel 和 Thakor(2008)[36] 通过构建投资不足的数理模型得出，CEO 越接近于理性，那么越会导致投资不足。通过模型推导还发现，适度的过度自信会减少投资不足，而高水平的过度自信则会导致过度投资。随后，Fairchild(2007)[98] 通过研究也得到了类似的结论。

Hackbarth(2009)[99] 又构建了一个包含资本结构模型和实物期权理论在内的模型，发现相对理性的管理者而言，有偏差的管理者更倾向于选择高的债务水平，从而加剧投资不足；同时也会较早地作出投资决策，这样又会降低投资不足，然而有适度偏差的管理者可以保证债务积压代理成本较低，从而提高投资水平。

由于过度自信的研究在国内起步较晚，因此成果相对有限，尤其理性分析成果更是不足。汪德华和周晓艳(2007)[100] 通过构建理论模型分析了管理者过度自信对企业投资扭曲的影响，认为管理者过度自信会导致企业投资扭曲。叶蓓和袁建国(2009)[101] 通过对理论模型的推导，分析了在不同的道德风险下管理者过度自信与企业投资之间的关系，得出在信息对称、投资者理性的背景下，管理者过度自信将造成企业过度投资或投资不足，管理者过度自信和企业投资——现金流敏感度之间存在正相关关系，同时，管理者过度自信与企业非效率投资之间可能不具有单调性关系。

（2）实证检验方面。直到 2005 年 Malmendier 等[18] 首次通过 CEO 持股情况来衡量过度自信程度，这才开创了对管理者过度自信与企业投融资决策实证研究的先河。Malmendler 和 Tate 在 2005 年的研究论文中通过实证分析进一步验证了 Heaton(2002)[17] 的结论,认为相对于理性的 CEO,过度自信 CEO 的投资现金流敏感度非常高,在现金流充足的情况下,管理者过度自信会导致企业的过度投资;在现金流不足的情况下,会导致企业的投资不足,对于权益依赖型的企业尤其如此。Lin 等(2005)[35] 用类似的方法通过对中国台湾地区的数据进行分析后得出,当管理者预测的公司年度盈利水平高于实际盈利水平时则视为过度自信的管理者,在内部现金流充足时这类管理者往往存在过度投资的问题,而当融资约束程度大时,过度自信管理者和理性管理者的投资差距更大。

此外,学者们又分析了不同高管群体对企业投资的影响。例如,Ben-David 等(2007)[20] 通过建立回归模型得出过度自信的 CFO 更青睐于债务融资,且会增加企业投资。Glaser 等(2008)[102] 又分析了高管群体的过度自信情况,研究发现,与 CEO 的乐观相比,高管群体的乐观也会导致企业盈余价值的降低,而CFO 的乐观在此并没有解释力。

国内学者郝颖等(2005)[103] 将有股权激励计划的上市公司作为样本,以理论分析和实证检验为研究方法,通过高管的持股情况构建过度自信指标,最后得出高管过度自信会导致企业投资的增加,同时也会加强投资——现金流敏感度,且随着股权数量的减少这种影响会加剧。因此,他们的研究成果在中国资本市场环境下再次验证了管理者过度自信会导致企业过度投资。此外,这一结论也得到了吴世农等(2008)[104] 的认可和支持。

王霞等(2007)[105] 以沪深非金融类上市公司为样本,不仅研究了管理者过度自信对企业投资自由现金流敏感度的影响,而且分析了管理者过度自信对投融资现金流敏感度的影响,研究得出管理者过度自信会造成企业的过度投资,但是不会影响投资与自由现金流的敏感性,而是会影响到投资与融资现金流的敏感性。

随后,学者们也将不同高管、不同投资方式分类进行深入研究。汪静(2008)[106] 通过对比总经理和董事长的过度自信对企业投资增长率的影响得出,总经理的过度自信会降低企业投资增长率;但是董事长的过度自信会提高企业的投资增长率。姜付秀(2009)[80] 通过将投资方式分为内部扩张和外部扩张后得出,管理者过度自信对企业的内部扩张存在显著的正向影响,而与企业的外部扩张(并购)之间不存在显著性关系。

综上所述,已有关于管理者过度自信与企业投资之间关系的研究已逐步达成共识,比如会造成投资不足或过度投资,相关结论基本类似。然而由于过度自信指标的测算方法不同、制度及文化差异的存在,在我国的资本市场环境下得到的部分结论与欧美市场还存在一些差异,因此有待进一步深入研究和验证。

2.2.2　管理者过度自信与企业融资

下面本书将根据内源融资、债务融资和股权融资三种不同的融资方式来梳理管理者过度自信对企业融资的影响。

(1) 管理者过度自信与内源融资。已有研究中部分学者支持管理者过度自信更可能倾向于内源融资的观点。Heaton(2002)[17]得出过度乐观的管理者往往认为市场低估了企业的价值，从而认为外部融资成本过高，所以不会选择进行外部融资。同时，研究结论显示当内部现金流不足时，过度乐观的管理者也不愿进行外部融资。与 Heaton(2002)[17]的观点一致，Malmendier 和 Tate(2005)[18]通过实证检验也证实了过度自信的管理者与企业投资现金流的敏感度之间存在显著的正相关关系，从而主要依赖于内源融资。Ben-David 等(2007)[20]通过研究得出，过度自信的 CFO 往往较少发放股利，这就说明过度自信的管理者一般会通过内部资金进行投资。Deshmukh、Goel 和 Howe(2008)[107]通过理论模型分析和实证检验得出，过度自信的 CEO 倾向于支付较低的股利，而且这种现象在低现金流、低成长性、高信息不对称的公司更加明显。

(2) 管理者过度自信与债务融资。除内源融资之外，还有学者认为过度自信的管理者会选择债务融资。Heaton(2002)[17]的研究结论显示，过度自信的管理者一般倾向于内源融资，但是当内部现金流不足时，他们就会选择债务融资。Oliver(2005)[108]、Barros 和 Silveira(2007)[109]分别通过对美国企业和巴西企业进行实证分析后得出，过度自信程度越高，企业债务融资水平也会更高。随后，学者们又分别考察了不同的过度自信程度对不同期限债务融资的影响。Hackbarth(2003)[37]认为，过度自信的管理者在进行融资时并不会依照优序融资的顺序来选择融资次序，而是更加偏好于债务融资尤其偏好短期债务。Landier 和 Thesmar(2005)[110]通过对法国新创企业进行实证分析后得出，理性的管理者会倾向于长期的债务融资，而过度自信的管理者会倾向于短期的债务融资。然而，Ben-David 等(2007)[20]通过资料调查得出，过度自信的管理者会更偏向于长期债务融资。国内学者余明桂等(2006)[50]以中国 2001—2004 年的上市公司为研究样本，以企业景气指数来度量管理者过度自信，通过实证分析得出，过度自信的管理者往往会选择较激进的债务融资政策，管理者过度自信与公司负债率尤其公司短期负债率之间存在显著的正相关关系。李占雷等(2007)[111]通过构造企业价值最大化模型进行分析后得出结论，过度自信的管理者在进行融资时，习惯于先内部融资再选择外部融资，如果必须选择外部融资的话，将会选择债务融资。黄莲琴[112](2010)通过扩展样本期进行研究后得到了类似的结论。

(3) 管理者过度自信与股权融资。与前述研究一致，因为过度自信的管理者往往认为市场会低估公司价值，认为外部融资成本过高，尤其股权融资成本过高，所以在内源融资不满足投资需求时会优先考虑债务融资然后是股权融资，这与 Myers 和 Majluf[113] 提出的融资优序理论相一致。Heaton (2002)[17]、Malmendier、Tate 和 Yan(2005)[18][19]无论通过理论模型还是实证分析都得出，因为过度自信的管理者往往认为股权融资成本高昂，所以会坚持内源融资、债务融资和股权融资的顺序。Goel 等（2008）[36]发现，过度自信的管理者往往会发放很低的股利，这就说明这些管理者对公司的股权融资并不看重。然而，与前面学者的结论完全不同，我国学者阎达五（2001）[114]、刘星（2004）[115]等通过对我国上市公司进行实证分析后得出，当需要外部融资时，过度自信的管理者会优先选择股权融资然后为债务融资。

综上所述，企业在融资过程中，过度自信的管理者会优先选择内源融资，这一结论在学者们的研究中已经得到了一致的认可，然而当内源融资不能满足投资需求，需要寻求外部融资时，是优先考虑债务融资还是股权融资，考虑短期债务还是长期债务，这些方面的问题还未得到一致结论，因此有待进一步探索。

2.2.3　管理者过度自信与企业价值

关于管理者过度自信与企业价值之间的关系，在学术界也未能形成统一的定论，部分学者认为管理者过度自信破坏了企业价值；而另一些学者则认为在一定条件下，管理者过度自信提升了企业价值；还有一些学者则认为管理者过度自信与企业价值之间不存在明显关系。下面将按照不同的观点对相关文献进行总结。

（1）破坏论。Roll（1986）[16]首次引入过度自信概念时，认为管理者的"狂妄自大"往往会导致一些低效率的并购活动，这样就损坏了企业价值。Heaton（2002）[17]认为，当不考虑委托代理问题和信息不对称时，过度自信的管理者会引起企业的过度投资或投资不足，这样会破坏企业的价值。Fairchild（2005）[116]通过构建信息不对称模型发现，在信息不对称情况下，过度自信的管理者会进行过度负债，这样就提高了公司破产的概率，从而破坏企业价值；通过构建道德风险模型也发现，过度自信的管理者往往偏好债务融资，增加企业陷入财务危机的可能，损害了企业价值。我国学者叶蓓等（2009）[101]将我国沪深上市公司作为样本，通过三阶段最小二乘估计的方法，得出管理者的适度自信能够提升企业价值，然而管理者的过度自信会破坏企业价值。

（2）提升论。Hackbarth（2003）[37]认为，过度自信的管理者倾向于债务融资，一方面会增加企业资金的使用成本，破坏企业价值；但是另一方面公司会为积极偿还债务，避免将这部分资金投资于那些净现值为负的项目，因此也会提升企业价值。Fairchild（2005）[116]在建立道德风险模型时，发现过度自信的管理者可以降低代理成本从而提升企业价值。Goel 和 Thakor（2008）[36]假设一定程度过度自信的管理者是风险厌恶的，管理者一定程度的过度自信可以增加委托代理效率，减少投资不足的现象，从而提升企业价值，但是如果超过这个限度则会破坏企业价值。Weinberg（2009）[117]通过研究得出，适度的过度自信可以使管理者勇于承担风险，投资净现值为正的项目，从而提升企业价值，但是过度自信程度过高的话就会破坏企业价值。

（3）无关系论。我国学者饶育蕾等（2010）[118]将我国 A 股上市公司作为研究样本，通过 CEO 持股比例来度量 CEO 过度自信，实证结果发现管理者过度自信与企业价值之间存在不显著的负相关关系；通过并购频率来度量 CEO 过度自信，实证分析发现管理者过度自信与企业价值之间不存在显著的正相关关系。总之，以上研究结论表明，管理者过度自信与企业价值之间并不存在明显的关系。

总结早期已有的相关研究可以一致得出，过度自信的管理者在融资过程中，会依赖于内部现金流；在投资过程中，往往会造成投资不足或者过度投资。那么，既然过度自信的管理者对企业发展如此不利，为何还会雇佣这样的管理者，这就是所谓的管理者过度自信之谜。这个谜底在行为公司金融领域很长时间都未能解开。

2.2.4 管理者过度自信与企业创新

管理者过度自信之谜的产生也就开启了关于 CEO 过度自信与企业创新关系的研究之阀门。Galasso 等（2011）[25]首次回答了这个问题，通过构建职业生涯关注模型，对 1980—1994 年 450 家美国上市公司进行实证分析得出，过度自信的 CEO 通过提升创新能力来证明自己的价值，且在竞争激烈的行业中，这种提升效果更明显，这是首篇关注 CEO 过度自信与企业创新能力的文献。随后 David 等（2012）[24]再次通过 1993—2003 年的数据验证了过度自信的 CEO 会进行更多的创新投资，从而产出更多的专利，但是只有在创新型行业中这种现象才更加显著。Lüdtke 和 Lüthje（2012）[26]将研究对象从 CEO 扩展到了发明人和业务决策者，认为这些人的过度自信会高估创新项目成功的概率，从而很早就从事创新活动，促进创新产出。综上研究可以得出，过度自信的管理者对企业的价值主要体现在对企业创新的促进作用上，从而解释了管理者过度自信之谜。

接着，近期对此方面问题的研究进一步深化。Herz 等（2013）[27]将过度自信类型进行了细分后得出，过度乐观型过度自信推动创新活动，判断型过度自信阻碍创新活动。Chang 等（2015）[28]从创新战略平衡角度提出 CEO 过度自信会导致企业创新战略平衡失调。国内学者近期才开始关注到管理者过度自信对企业创新的影响，易靖韬等（2015）[31]基于以上学者的研究成果，考虑了企业的异质性问题后得出，管理者过度自信与企业创新之间的关系会随着企业规模和负债程度的不同而不同。孔东民等（2015）[29]又考虑到了企业的股权集中度和股价同步性问题，认为当企业股权集中度和股价同步性提高时，CEO 过度自信与企业创新的相关性会显著降低。于长宏等（2015）[30]通过构建博弈模型提出，科研人员对"自由探索"的热爱程度会影响两者之间的关系。

通过梳理文献，笔者发现早期有关管理者过度自信与企业创新的研究，一般从创新投入和创新产出两个方面入手，且一致认为管理者过度自信可以促进企业的创新。但是，从近期的研究成果来看，无论是理论模型还是实证分析，学者们纷纷提出了一系列的限定条件,认为只有在一定条件下,管理者过度自信才会促进企业创新。比如,将过度自信进行分类,发现只有过度乐观型过度自信才能推动创新;将企业进行分类,发现企业规模及负债程度不同,两者之间的关系也不同;加入科研人员的特性后发现,只有在科研人员足够重视"自由探索"时,CEO过度自信才会促进企业积极创新。

可见,管理者过度自信与企业创新方面的研究已经成为目前行为公司金融研究的热点,且管理者过度自信对企业创新的作用还存在一些争议,值得进一步研究。同时,已有研究还存在一定的局限性,有待进一步完善。

首先,在研究范式上,现有关于管理者过度自信与企业创新的研究基本只关注了过度自信对企业创新的正面影响。然而,早期研究所得出的管理者过度自信对企业投资的一系列负面影响是否在企业创新投资这种特殊的投资方式中消失,这没有进一步研究。因此,我们应该从整体视角出发,关注过度自信对企业创新正面作用的同时,还要进一步探究其对企业创新是否存在负面作用,这样才能更加客观地识别管理者过度自信对企业创新的影响。

其次,在研究角度上,已有关于管理者过度自信与企业创新之间关系的研究,早期主要从创新投入和创新产出两个方面出发进行研究,近期侧重于将企业、管理者和过度自信类型进行分类来研究,可见这已经取得了一定的进步。然而已有文献并没有从创新投资本身出发来研究,且缺少从上游的投资资金来源到投资决策行为再到下游的投资决策结果来进行系统分析的文献。此外,有关管理者过度自信与企业价值之间关系的研究,缺少通过企业创新投入这一影响渠道的论证。因此,本书将从这一研究视角切入来深入研究。

最后,在研究方法上,能否合理度量管理者过度自信是此方面研究的关键,然而国内外学者对此并未形成统一的标准。大部分学者是通过事后测量的方法构建替代指标来度量过度自信,如管理者期权行使行为等。然而,这种事后测量的办法可能存在一定的问题,因为类似收购或者期权行权等行为是由多种原因导致的,而不仅仅是由于管理者过度自信的心理偏差所致,所以,这类度量方法存在局限性。另外,还有通过主流媒体对CEO的评价来衡量过度自信情况。但是,由于我国缺少媒体对管理者评价方面的数据,因此不具有适用性。此外,还有一些学者从形成管理者过度自信的原因入手,通过事前测量方法来度量。如通过公司过去的ROA、ROE和CAR(Lin等,2005)[35],高管薪酬的相对比例(姜付秀等,2009)[80]来衡量管理者的过度自信程度,这为本书寻找新的度量方法提供了新的灵感。这种因果方式具有一定的合理性,正由于影响个人的原因不同,才造成其过度自信程度的不同。但是,这方面的替代指标并不太多。而考虑到个人的经历对其心理状态的形成有重要影响,因此,本书将从心理学角度、事前测量角度出发,通过构建CEO早年晋升频率指数来度量过度自信,这将为今后学者的研究提供一定的参考。

2.3　本章小结

本章首先通过逐层递进的方式将高层梯队理论、决策中的非理性理论、非理性认知偏差理论及过度自信理论进行了梳理,然后对管理者过度自信与企业投资、企业融资、企业价值和企业创新的相关文献进行了系统的总结。

通过归纳后发现,已有的高层梯队理论和决策中的非理性理论为研究管理者过度自信提供了良好的理论基础,而非理性认知偏差理论为系统地开展管理者过度自信对企业创新投入影响的研究奠定了理论证据。此外,通过对过度自信的内涵、表现形式及形成原因进行阐述,有利于后续工作的顺利开展。

通过对管理者过度自信相关文献总结后发现,分析管理者过度自信与企业创新之间的关系是行为公司金融及企业创新管理方面研究的热点。然而已有研究仅关注到管理者过度自信对企业创新的正面影响却忽视了其负面影响,同时缺乏对企业创新决策的系统性研究,因此我们找到了本书研究的突破点。本书将不仅关注 CEO 过度自信对企业创新的正面影响,还会考虑其负面影响,而且遵循资金来源—决策行为—决策结果的研究思路,更加全面、系统地分析 CEO 过度自信对企业创新投入决策的影响,从而客观地识别过度自信 CEO 的潜在成本和潜在利益,提出有利于企业创新投入的有效对策。

第3章 CEO过度自信指标的构建——基于晋升频率指数

能够客观、合理地度量过度自信是研究管理者过度自信问题的关键,自从2005年 Malmendier 和 Tate[18]首次通过期权股票持有法来定量地测算过度自信以来,学者们纷纷开始探索量化过度自信的方法,也取得了一定的成果。然而,并未形成统一的标准。本章将从事前测量角度、心理学角度出发,探寻一种更加合理的度量过度自信的方法,从而为后续研究奠定基础。

3.1 现有管理者过度自信指标的适用性及不足

由于过度自信是一种心理偏差,因此度量起来存在很多困难。而国内外已有的度量方法也存在一些争议,并且没有形成统一的标准,根据度量方法提出的先后顺序,归纳如下:

(1) 持股状况法。Malmendier 和 Tate(2005a)[18]首次通过管理者对股票期权的持有状况来度量其过度自信,这开创了量化过度自信的先河。该方法根据管理者在行权期内所持有的股票或期权数量是否净增长来衡量过度自信,如果管理者在行权期机会较好的情况下不选择行权而是继续持有股票期权,则表明管理者是过度自信的。作为首次提出的测算方法,该方法在实证研究中被广泛运用(Lin 等,2005[35];潘静,2007[119];袁晓红,2007[120])。随后,学者们为了适应研究需要,在该方法的基础上有所改进,并增加了很多限制条件。例如,通过内部人股票购买数作为管理者过度自信的替代指标;或者增加限制条件为在大盘增长幅度高于企业股票价格增长幅度时继续持有购买股票则视为过度自信等(郝颖等,2005[103];Ye,2008[121];饶育蕾等,2010[118])。尽管持股状况法被广泛推崇,但并不是一种有效的方法。因为一方面我国资本市场对高管的股权激励还不完善,此方面的数据及资料很难完整获得;另一方面管理者推迟行权的原因是多方面的,例如,高管本身资金充裕,或者高管为了维护公司的良好形象等。此外,该方法是一种根据二手数据推断出的事后测量方法,并不能被直接观察到。

(2) 媒体评价法。Malmendier 和 Tate(2005b)[19]同样首创了通过外界媒体对管理者的评价来度量过度自信,通过统计纽约时报、商业周刊等主流媒体对CEO描述时的关键词来度量,若CEO常被描述为"乐观""自信"等则视为过度自信;描述为"谨慎""保守"等视为非过度自信。该方法提出后被国外很多学者采用,但该指标在国内却并未被采用过,可见在我国具有不适应性。因为我国关于媒体对企业高管评价的资料十分有限,主要针对的是一些略有名气的高管,其他高管资料很难获取。此外,媒体对高管的评价本身就不具有科学性,它是一种主观判断,受到新闻工作者个人偏好的影响。

(3) 盈利预测偏差法。2005年台湾学者Lin等[35]提出用管理者对企业盈利水平的预测和企业实际的盈利水平做对比来度量过度自信。随后,王霞等(2008)[122]、姜付秀等(2009)[80]采用了此方法。Bae等(2008)[123]在采用管理者盈利预测和实际盈利对比的基础上,再次将其与同时期分析师的一致预测做对比,这就将该方法更进一步优化。该方法通过管理者表现出的行为特征来预测其心理状态,这具有一定的可行性,但是该方法也存在局限性。比如,管理者在预测时表现出的过度自信与其真正的过度自信可能存在差距,同时,我国管理者盈利预测方法的数据并不全面。

(4) 消费者情绪指数法。Oliver(2005)[108]首次根据消费者情绪指数法来度量管理者过度自信。该指数是美国密西根大学通过对美国消费者进行定期电话访问,从而来调查消费者对当前及预期的经济状况的个人感受,而编制成的一种指标体系。用此指标来代替管理者过度自信并不妥当,因为消费者的个人感受与管理者的实际情况存在差异。

(5) 企业景气指数法。余明桂等(2006)[50]首次通过国家统计局公布的企业景气指数来度量管理者过度自信。当该指数大于100,则认为管理者对企业经营及未来发展持乐观态度,为过度自信;反之则为非过度自信者。该指数是根据某个行业管理者的调查数据编制而成,显然统计的是管理者对整个行业企业发展的预测,用此来度量管理者个体的心理偏差,并不合理。

(6) 管理者投资表现法。Doukas和Petmezas(2007)[22]通过管理者在短期内的收购表现来度量过度自信,认为管理者在3年内进行了5次以上的收购活动,则为过度自信。该方法也被吴超鹏等(2008)[104]采用。但是一方面我国企业本身的并购活动并不多,另一方面企业并购不仅与管理者的心理状态有关,还包括很多其他的因素。因此,用此方法来度量过度自信并不合理。近期,易靖韬等(2015)[31]认为,高管的投资表现就反映了其过度自信特征,根据高管的投资决策来度量过度自信,通过企业营业收入增长率来估计总资产增长率,计算估计得出残差,若残差大于所在行业中位数残差,那么该企业的高管存在过度自信的心理倾向。该方法同样存在缺陷,因为企业的投资活动是由很多复杂的因素决定的,虽然管理者的心理状态是其中一个因素,但是并不能用此来度量管理者的过度自信。

（7）其他方法。Hayward 和 Hambrick（1997）[84] 通过 CEO 的相对报酬来衡量过度自信，认为 CEO 相对企业其他管理者的报酬越高，越容易过度自信。随后，姜付秀等（2009）[80]、易靖韬等（2015）[31] 也采用了该方法。另外，还有一些学者通过调查问卷的方式来度量管理者过度自信（Friedman，2007[124]；杨涛，2008[125]）。例如，Friedman（2007）[124] 设置了 3 个问题：①你是否能够在新的工作任务中取得成功；②你是否能达到自己设定的目标；③当遇到阻碍时，你是否也会成功。通过对管理者进行调查问卷，根据回答情况来判断其心理状态。然而，这些方法仅仅考察了管理者的某个方面，并不能全面地度量过度自信，因此存在一定的局限性。

通过梳理已有关于过度自信的度量方法，可见已有方法在不断改进，且为后续研究提供了一定的基础，然而也存在不少问题。首先，已有测算方法大多是事后测量方法，即通过过度自信的管理者呈现出的具体表现来衡量，如相对报酬、持股表现、投资表现等，该类方法虽然在一定程度上也可以刻画出某种过度自信的程度，然而这些表现与公司情况及外在环境之间有很大关系。而且通过任职之后的表现来判断不具有合理性。因为这样由于过度自信而带来的公司损失已经不可挽回，所以公司应该在选聘管理者之前就能很好地捕捉应聘者的心理状态，从而合理判断其过度自信情况。其次，已有研究缺少在心理学角度度量过度自信的方法。由于过度自信本身是一种心理认知偏差，这具有潜在性，因此从心理学角度出发寻求度量指标，才能够客观地判断其心理状态。综上所述，在心理学理论基础上，通过事前测算的方法，判断管理者在任职之前的一系列心理状态，可以更加直接、更加客观地度量过度自信。考虑到管理者早年的晋升经历对其影响深远，过快的晋升频率可能会导致其自我膨胀的心理状态，从而更容易过度自信。因此，本书通过早年晋升频率来重新度量管理者的过度自信。

3.2　晋升频率指数测算方法的理论依据

自我归因偏差是指人们习惯于将成功归因为自身的能力和知识水平，而将失败归因为运气不好或其他不可控制的因素[85][86]。行为金融学和心理学方面已有研究成果一致认为，自我归因偏差是过度自信的重要来源（Kahneman 和 Tversky，2000[65]；Hirshleifer，2001[66]；Baker 等，2004[67]）。同时，自我归因偏差对过度自信的影响分别在投资者、管理者及分析师等群体中也得到了验证（Hilary 和 Menzly，2006[126]）。此外，从认知心理学角度来看，如果管理者高估一些好的信息，低估一些坏的信息，这样就会加剧过度自信心理。因此，自我归因偏差是形成管理者过度自信的重要原因。

为了衡量管理者过度自信，能否合理客观地测算自我归因偏差十分重要，但是由于难以通过数据来刻画管理者自我归因的偏差,因此存在一些困难。然而管理者从参加工作到目前管理职位的整个晋升过程,我们可以通过其个人履历表来获得数据。管理者晋升的速度越快,越容易会自我膨胀,从而越来越会将每一次成功都归因为自己的能力,而将每一次失败都归因为运气不好和其他因素,这样就会造成自我归因偏差,从而导致过度自信的心理特征。晋升频率对过度自信的影响也通过了实证验证,例如,Goel 等(2008)通过实证分析表明,晋升过快的管理者由于其自我归因偏差较高,会高估其个人能力在晋升过程中所发挥的作用,从而表现出过度自信的心理倾向[36]。此外,从心理学角度考虑,过去的成功经历很容易造成管理者的过度自信。Kirchler 和 Maciejovsky(2002)通过研究得出,过度自信并不是与生俱来的,这要受到过去经历的影响,当人们具有较多的成功经验或位高权重缺少监管时,他们就会倾向于过度自信[74]。所以,遵循管理者晋升频率快—自我膨胀—自我归因偏差—过度自信的理论线索,本书主要通过管理者的晋升频率来度量过度自信。

此外,管理者不同阶段的晋升所造成的过度自信程度也不同,如年轻阶段晋升频率和年长阶段晋升频率存在一定的区别。相对而言,年轻阶段晋升过快更容易引起过度自信的心理。一方面,由于年轻阶段缺少经验,不能客观判断自身的优缺点,频繁快速的晋升会造就其自我归因偏差,盲目地相信自身的能力,将每一次成功都归为自身的能力。另一方面,已有研究认为,年少阶段所经历的重大事件会持久影响人们的偏好和信念。因此,年轻阶段的晋升频率对管理者过度自信心理的形成具有重要影响。所以,我们通过晋升频率来度量管理者过度自信时,不同阶段的晋升频率将会被区别对待。

3.3　基于CEO晋升频率指数的过度自信测算方法

本书将从事前测量角度和心理学角度出发,探寻一种更加合理的度量过度自信的方法。在管理者就职之前,能更加全面地获取其个人信息的渠道就是管理者个人履历表,在个人履历表上我们可以清楚地观察到每个管理者在任职之前的晋升过程,而晋升与过度自信心理状态的形成本身就具有很大的关系。以一个例子来说明,甲和乙两人同时进入公司,甲平均每年就会升职一次,而乙平均每五年升职一次,这样甲就会以很快的速度升职到较高的职位,而升职速度过快,会让甲变得更加自我膨胀,会将每次成功都归因为自己的能力,将失败归因为外部环境以及运气不好,这就形成了自我归因偏差。而自我归因偏差是造成过度自信的重要因素(Kahneman 和 Tversky,2000[65];Hirshleifer,2001[66];Baker 等,2004[67])。所以相对乙而言,甲会更加容易过度自信。因此,本书试图通过管理者担任 CEO 之前的晋升频率来测算过度自信。

由于本书的研究对象是企业 CEO,因此通过 CEO 早年的晋升频率来测算 CEO 的过度自信。该方法是通过分析 CEO 担任其职务之前所经历的一系列晋升过程,测算各个阶段的晋升频率,为了体现年轻和年长阶段晋升对过度自信的不同影响,为各个年龄段的晋升设置不同的权重,各个阶段的晋升频率乘以权重后加总得到每个 CEO 总的晋升频率指数,然后根据晋升频率指数进行排序,位于前 1/3 者为过度自信的 CEO,其他为非过度自信的 CEO。

由于样本中 CEO 的入职年龄和成为 CEO 的年龄不等,为了统一研究,本书假设全部 CEO 从入职到成为 CEO 的年龄区间为 20～60 岁,然后分为 20～30 岁、30～40 岁、40～50 岁、50～60 岁这四个阶段。基于年轻阶段晋升快越容易过度自信的心理学依据,本书为四个阶段设置了不同的参数,20～30 岁的晋升参数 β_{20-30} 为 0.8,30～40 岁的晋升参数 β_{30-40} 为 0.6,40～50 岁的晋升参数 β_{40-50} 为 0.4,50～60 岁的晋升参数 β_{50-60} 为 0.2。笔者手工搜索样本企业 CEO 任职之前所有的晋升经历,综合每个阶段的晋升频率乘以晋升参数后得到最后的晋升频率指数,然后再根据晋升频率指数排序后得到每个 CEO 的过度自信程度。晋升频率指数的具体计算模型如下:

$$
\begin{aligned}
PF &= \beta_{20-30}(S_{20-30}/t_{20-30}) + \beta_{30-40}(S_{30-40}/t_{30-40}) \\
&\quad + \beta_{40-50}(S_{40-50}/t_{40-50}) + \beta_{50-60}(S_{50-60}/t_{50-60}) \\
&= 0.8*(S_{20-30}/t_{20-30}) + 0.6*(S_{30-40}/t_{30-40}) \\
&\quad + 0.4*(S_{40-50}/t_{40-50}) + 0.2*(S_{50-60}/t_{50-60})
\end{aligned}
\tag{3.1}
$$

其中,S_{20-30}、S_{30-40}、S_{40-50}、S_{50-60} 分别表示 CEO 在不同年龄段的升职次数,t_{20-30}、t_{30-40}、t_{40-50}、t_{50-60} 分别表示 CEO 在不同年龄段升职所用的时间,本书使用每个 CEO 实际使用的升职时间。本书之所以没有将每一阶段的升职时间设定为 10 年,是为了控制升职的职位高低。因为不同公司职位设置存在差异,所以无法获得升职的职位高低数据,但是考虑到有可能有的 CEO 升职次数很少,但是升职的职位很高,这样也会过度自信。为了控制职位高低,每个阶段的晋升所用时间不同,例如,CEO 甲和乙两个人,甲从 30 岁入职到 35 岁成为 CEO,期间升职 2 次;乙从 30 岁入职到 40 岁成为 CEO,期间升职 3 次。如果按 30～40 岁期间平均 10 年的升职时间计算,乙的自信程度要高于甲,然而甲用 5 年时间就成为 CEO,乙用 10 年时间才成为 CEO,显然甲比乙更容易过度自信。尽管甲升职了 2 次,但是升职的职位比较高,因此,本书研究的升职时间为实际时间,甲为 5 年,乙为 10 年,那么甲的晋升频率为 0.4,乙为 0.3,这样就控制了晋升职位,更加客观地度量了过度自信。

如图 3.1 所示,横轴表示 CEO 年龄,纵轴表示升职职位。假设甲和乙都是从 20 岁开始参加工作,50 岁升职为 CEO。由图 3.1 可见,甲的升职频率比较快,且在年轻阶段的升职更快,这样相对乙而言,甲就更加容易过度自信。

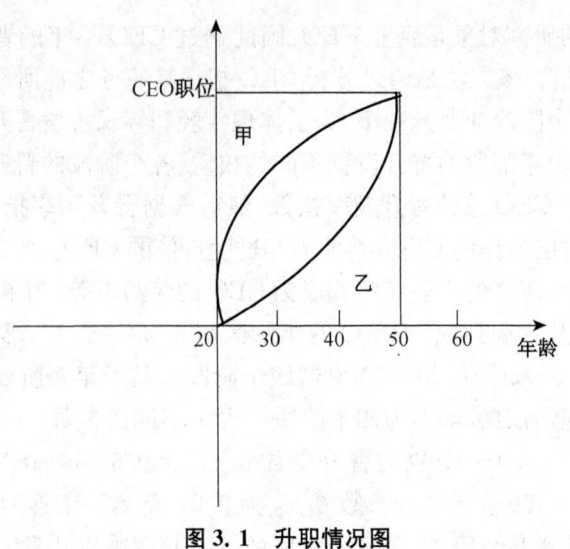

图 3.1　升职情况图

3.4　晋升频率指数测算方法的合理性检验

　　为了检验本书测算方法的合理性,将与已有的常用测算方法进行对比。其中,郝颖等(2005)[103]所提出的高管持股变化法得到了广泛运用,被引用次数高达 447 次,且近期很多高水平期刊上的文章也在引用(梁上坤等,2015[127];王山慧等,2015[128]),该方法将高管持股增加且增加的原因为非红股和业绩股则视为过度自信。近期,易靖韬等(2015)[31]提出了新的度量过度自信方法,该方法根据高管的投资行为来判断,认为过度自信的管理者往往会进行更多投资,通过计算模型(3.2)所得的残差,减去行业中位值残差,结果大于 0 则视为过度自信,否则视为适度自信[31]。

$$y_{i,t} = \beta_0 + \beta_1 (SalesGrowth)_{i,t} + \varepsilon_{i,t} \qquad (3.2)$$

　　其中,被解释变量为总资产增长率,解释变量为营业收入增长率。

　　我们将这两种常用或者较新的测算方法与晋升频率指数方法作对比,通过手工搜索 2001—2014 年在沪深市场上市的制造业和信息技术业企业的 CEO 相关数据,根据三种不同的方法度量了 CEO 过度自信情况,如表 3.1 所示。可见,三种方法度量的过度自信 CEO 人数都呈逐年增长的趋势,这符合基本规律。而根据持股状况、投资决策和晋升频率方法得到的过度自信 CEO 人数平均值分别为 33 人、93 人和 81 人。由于大量的心理学文献都认为管理者普遍存在过度自信的心理特征(Langer 1975[65];Cooper 等,1988[88]),因此,持股状况法测算的过度自信样本偏少。然而 CEO 投资决策法测算的过度自信人数平均高达 93

人,样本偏多,这是因为 CEO 增加投资不仅和其个人心理特征有关,还受很多其他因素的影响,所以此类方法测算的样本范围过大。然而通过晋升频率指数法测算得到的过度自信 CEO 人数正好位于两者之间,这具有一定的合理性。

表 3.1　三种不同测算方法得到的过度自信 CEO 人数　　单位:人

方法＼年份	2001	2002	2003	2004	2005	2006	2007	2008	2009	2010	2011	2012	2013	2014	均值
持股状况	12	16	20	25	25	25	26	34	37	47	49	45	48	49	33
投资决策	78	80	75	84	62	97	99	81	109	89	93	119	118	116	93
晋升频率	35	47	51	60	65	72	70	75	89	105	113	118	120	119	81

表 3.2 是根据晋升频率指数法测算出的过度自信 CEO 的基本特征,可见过度自信的 CEO 中男性占比大,为 96%;学历高占比大,为 59%;理工科背景占比大,为 77%,且平均年龄较小,平均任期较短,这些特征与已有文献研究结论相符。比如,Niederle 和 Vesterlund(2007)[77]一致认为男性的过度自信程度要远远高于女性。Ben David 等(2007)[20]认为,管理者的过度自信程度会随着教育水平的增加而增加。Landier 和 Thesmar(2004)[82]、江伟(2008)[83]认为,年龄与过度自信之间存在显著的负相关关系。Frank(1988)[129]的研究发现,由于任职时间长的管理者其经验较充分,所以他们更容易过度自信。因此,无论是过度自信管理者的性别、学历、年龄还是任期等特征都与已有研究一致,仅学科背景特征存在差异。因为已有研究认为,拥有经管背景的管理者更容易过度自信(江伟,2010)[130],而据本书的方法统计出的过度自信 CEO 的学科背景大多为理工科类,这与已有研究不符。这是因为本书的研究样本主要来自信息技术业和制造业企业,这类企业的高管大多是理工科背景。总之,根据晋升频率指数法测算出的 CEO 过度自信,无论通过样本数量还是个人特征都验证了这种方法的可靠性。

表 3.2　晋升频率指数法测算的过度自信 CEO 不同类别划分

性别		学历		学科背景		年龄		任期	
男性	女性	硕博	本科及以下	文科	理工	总样本均值	过度自信样本均值	总样本均值	过度自信样本均值
96%	4%	59%	41%	23%	77%	46 岁	44 岁	6 年	4 年

3.5　本章小结

本章力图从事前测量角度和心理学角度出发,基于 CEO 晋升频率指数构建一个更加合理、科学的过度自信测算指标,从而为后续的实证研究提供客观的替代指标。首先,评析了已有过度自信指标的适用性及不足。其次,论证了晋升频率指数方法的心理学理论基础。再次,阐述了具体的测算方法。最后,进一步验证该方法的合理性。本章主要得到如下结论:

(1) 本章通过归纳总结已有的过度自信指标,发现已有指标虽然具有一定的合理性,但是还存在一些不足,不完全适合国内的实际情况。因此,为了顺利开展后续的实证分析,为了保证实证结果的科学性,本章提出本书的测算指标。

(2) 本章论证了晋升频率指数方法的理论基础,认为晋升频率指数法完全符合自我归因偏差理论,而自我归因偏差是管理者过度自信的主要影响因素。因此,从影响形成过度自信的心理学因素入手,本书提出了一个完全符合心理学理论的测算方法。

(3) 本章通过构建模型阐述了具体的 CEO 晋升频率指数方法,得出各个阶段的晋升频率乘以权重后加总得到每个 CEO 总的晋升频率指数,然后根据晋升频率指数进行排序,位于前三分之一者则为过度自信的 CEO,否则为非过度自信的 CEO。

(4) 本章进一步验证了 CEO 晋升频率指数方法的合理性,通过与郝颖等(2005)的持股比例方法、易靖韬等(2015)的投资决策方法相对比后发现,CEO 晋升频率指数方法无论从样本数量还是个人特征上都更具合理性。因此,CEO 晋升频率指数方法的提出为后续的实证研究提供了坚实的基础,同时也为行为公司金融方面的研究提供了可借鉴的分析工具。

第 4 章　CEO 过度自信对企业创新投入资金来源的影响

本章主要从企业创新资金来源角度分析 CEO 过度自信对企业创新投入的影响。首先,通过构建两期理论模型,分析了过度自信的 CEO 在企业创新投入过程中的投融资选择,这为后面的实证分析奠定了理论基础和假设前提。其次,从宏观层面出发,通过实证分析外部金融市场对企业创新投入的影响,进而验证了外部资金来源对企业创新投入的重要性。然而过度自信的 CEO 往往厌恶外部融资,这样可能会加剧融资约束。最后,本章从微观层面出发实证检验了 CEO 过度自信对企业创新投入融资约束的影响。

4.1　CEO 过度自信对企业创新资金来源影响的模型分析

不同于传统的公司金融理论,行为公司金融理论假设管理者是非理性的,但是非理性管理者的最终目标仍然是公司价值最大化,然而实际上非理性管理者的认知偏差导致决策偏差最终偏离了目标最大化。因此,为了从理论上深入分析管理者非理性对企业投融资的影响,Malmendier 和 Tate(2005)[18] 为本书的研究提供了一个可供参考的理论框架。

4.1.1　基本假设

Malmendier 和 Tate(2005)[18] 所提模型的基本假设为:①资本市场是有效的。②不考虑信息不对称和代理问题。③管理者的目标是股东价值最大化。④模型中唯一的摩擦是管理者对公司投资机会的认知偏差。

4.1.2　两期理论模型

我们假设公司现有资产为 A,发行股票数量为 s,在第 1 期已实现的现金流为 C,CEO 将要从事投资 $I \in [0,\infty)$,同时选择融资方式,包括现金流融资(c')、债务融资(d')和发行新股(s')。公司投资在第 2 期会产生一个随机的收益,本书这里定义投资的期望收益为 $R(I)$,且 $R'(I)>0$,$R''(I)<0$。为了保证存在内部解,我们假设对于一些 I,存在 $R'(I)>1$。其中利率标准化为 0。因为过度自信的 CEO 总是高估自己公司的价值以及高估投资的未来收益,所以对于任何投资 I,过度自信的 CEO 总认为其未来的收益为 $R(I)^*(1+\Delta R)$,当 $\Delta R=0$ 时,为理性 CEO;当 $\Delta R>0$ 时,为过度自信 CEO。同样,对任何资产 A,过度自信的 CEO 总认为其未来的资产为 $A^*(1+\Delta A)$,当 $\Delta A=0$ 时,为理性 CEO;当 $\Delta A>0$ 时,为过度自信 CEO。

在资本市场有效的假设条件下,CEO 将使现有股东的价值最大化,所以 CEO 价值的最大化问题如下:

$$\max_{I,c'd'} \frac{s}{s+s'}[A(1+\Delta A)+C+R(I)(1+\Delta R)-c'-d'] \tag{4.1}$$

$$\text{s.t.} \quad (s'/s+s')(A+C+R(I)-c'-d')=I-c'-d' \tag{4.2}$$

$$c'\leqslant C, d'\leqslant D, c'+d'\leqslant I \tag{4.3}$$

$$c'\geqslant 0, d'\geqslant 0, I\geqslant 0 \tag{4.4}$$

因为新股东要求股权价值等于公司的资本价值,所以为了保证股东价值的最大化,模型必须满足公式(4.2)的约束条件,此外,还需满足公式(4.3)和公式(4.4)的约束条件。假设公式(4.1)到公式(4.4)的最优解为 (I^*,c^*,d^*),假设投资 I_{oc} 满足 $R'(I_{oc})=1/1+\Delta R$;投资 I_{uoc} 满足 $R'(I_{uoc})=1$,那么 I_{oc} 就代表过度自信 CEO 的投资水平;I_{uoc} 就代表非过度自信 CEO 的投资水平。以下章节将详细分析过度自信和非过度自信 CEO 的投融资选择。

4.1.3 模型推理及分析

4.1.3.1 过度自信 CEO 进行投资的资金来源

通过对公式(4.2)解方程可得到:

$$s'=s(I-c'/A+C+R(I)-I^*) \tag{4.5}$$

所以 CEO 价值的最大化问题还可以写为[1]:

$$\max_{I,c'} A(1+\Delta A)+C+R(I)(1+\Delta R)-$$
$$(I-c')\frac{A(1+\Delta A)+C+R(I)(1+\Delta R)-c'}{A+C+R(I)-c'}-c' \tag{4.6}$$

$$\text{s.t.} \quad c'\leqslant C, c'\leqslant I \tag{4.7}$$

$$c'\geqslant 0, I\geqslant 0 \tag{4.8}$$

这里,为了简化计算,本书忽略了公式(4.8)的约束条件,即 c' 和 I 并非是非

---

① 这里,我们假设 $A+R(I^*)>I^*-C$,因为公司的价值不可能低于公司外部融资的成本,所以可能 $R(I^*)>I^*$,甚至 $R(I^*)>I^*-C$。

负的。此外，我们将 α 和 β 视为约束条件，即 $c' \leqslant C$ 和 $c' \leqslant I$ 的拉格朗日乘子，那么下面的公式就决定了最优的投融资计划。

$$R'(I^*)(1+\Delta R) - \frac{A(1+\Delta A)+C+R(I^*)(1+\Delta R)-c^*}{A+C+R(I^*)-c^*} -$$

$$(I^*-c^*)\frac{(A+C+R(I^*)-c^*)R'(I^*)(1+\Delta R)-R'(I^*)}{[A(1+\Delta A)+C+R(I^*)(1+\Delta R)-c^*]}{(A+C+R(I^*)-c^*)^2}+\beta=0$$

$$\tag{4.9}$$

$$\frac{A(1+\Delta A)+C+R(I^*)(1+\Delta R)-c^*}{A+C+R(I^*)-c^*} - \frac{(\Delta R^* R(I^*)+\Delta A^* A)(I^*-c^*)}{(A+C+R(I^*)-c^*)^2}$$

$$-1-\alpha-\beta=0 \tag{4.10}$$

$$\alpha(c^*-C)=0, \beta(c^*-I^*)=0 \tag{4.11}$$

$$\alpha \geqslant 0, \beta \geqslant 0 \tag{4.12}$$

通过公式(4.6)可知，CEO价值想要实现最大化得到以下式子：

$$V=A(1+\Delta A)+C+R(I)(1+\Delta R)-$$

$$(I-c')\frac{A(1+\Delta A)+C+R(I)(1+\Delta R)-c'}{A+C+R(I)-c'}-c' \tag{4.13}$$

$$\frac{\partial V}{\partial c'}=\frac{(\Delta A^* A+\Delta R^* R)(A+C+R(I)-I)}{(A+C+R(I)-c')^2} \tag{4.14}$$

得出以下结论：

当CEO是过度自信时，$A+R(I^*)>I^*-C$，并且 $\Delta R>\Delta A>0$，所以 $\frac{\partial V}{\partial c'}>0$。因此，当满足条件 $c'\in[0,I]$ 时，为了保证股东价值最大化，过度自信的CEO会尽可能地求助于内部现金流。

当CEO是非过度自信时，因为 $\Delta R=\Delta A=0$，所以 $\frac{\partial V}{\partial c'}=0$。因此，理性的CEO在进行融资过程中并不会过度依赖于内部现金流。

4.1.3.2 过度自信的CEO对企业投资现金流敏感度的影响

以上模型分析可知，过度自信的CEO在进行融资时会过度依赖于内部现金流，而非过度自信的CEO在融资时并不会依赖内部现金流，那么这两种类型的CEO在投资过程中会不会也受到内部现金流的制约呢？下面将详细分析。

当CEO是非过度自信时，$\Delta R=\Delta A=0$，此时 $R'(I^*)=1$，这就说明投资 I^* 与内部现金流 c' 之间是独立的。因此，理性的CEO在进行投资时独立于内部现金流。

然而,当CEO是过度自信时,$\Delta R > 0$,$\Delta A > 0$。 通过公式(4.9)~公式(4.14)可以计算得出:

$$R'(I^*) = \cfrac{1}{1+(\Delta R - \Delta A)\cfrac{A(A+C+R(I^*)-I^*)}{[A(1+\Delta A)+R(I^*)(1+\Delta R)](A+R(I^*))}} \quad (4.15)$$

当$\beta = 0$时,得出:

$$\frac{\partial I^*}{\partial C} = \cfrac{(\Delta A - \Delta R)AR'(I^*)}{\begin{array}{c}R''(I^*)[(A(1+\Delta A)+R(I^*)(1+\Delta R))(A+R(I^*))+ \\ (\Delta R - \Delta A)A(A+C+R(I^*)-I^*)]+2R'(I^*) \\ (R'(I^*)-1)(1+\Delta R)(A+R(I^*))\end{array}} \quad (4.16)$$

因为$A > 0$,$A + R(I^*) > I^* - C$,$0 < R'(I^*) < 1$,$C \leqslant I^*$,
且$R''(I^*) < 0$,

所以得到,$\dfrac{\partial I^*}{\partial C} > 0$。

当$\beta > 0$时,由于过度自信CEO会投资I_{oc},因此他们会认为$I^* = I_{oc}$,且$C \geqslant I_{oc}$,然而因为存在约束条件$C < I_{oc}$,所以可以得到$I^* = C$,因此$\dfrac{\partial I^*}{\partial C} = 1 > 0$。

所以,无论任何条件下,过度自信的CEO都会导致$\dfrac{\partial I^*}{\partial C} > 0$。

因此,过度自信的CEO加剧了企业投资现金流的敏感度,促使企业投资过程中高度依赖于内部现金流。

4.1.3.3　过度自信CEO对企业创新投资现金流敏感度的影响

以上模型分析可知,过度自信的CEO融资时会依赖内部现金流,且加剧了投资现金流敏感度。那么,对于企业创新投资而言,情况如何?下面将具体分析。

与一般的投资形式不同,企业创新投资具有高风险性、高保密性,而且具有有限的抵押价值。这样,高风险性和有限抵押价值导致企业失去很多抵押贷款的机会;高保密性导致外界投资者不能充分了解相关信息,这会造成严重的信息不对称。所以,企业创新投资更有可能面临融资约束。因此,与其他投资形式不同,在模型中企业创新资金的d'值会非常小。

当不存在融资约束时,即$c' + d' \geqslant I_{oc}$,企业的融资资金可以达到其投资需求,这样就无法满足公式(4.3)的约束条件,所以就无法得到下面一系列的求解结果。因此,在企业不存在融资约束时,过度自信CEO就不会过度依赖于内部现金流,也并不会加剧投资现金流的敏感度。

但是,当存在融资约束时,即 $c'+d'<I_{oc}$,企业的融资资金并不能够满足投资需求,这时就满足公式(4.3)的约束条件,所以就会得到前面的求解结果。尤其由于企业创新投资性质的特殊性,企业创新投资时 d' 值一般很小,$c'+d'<I_{oc}$ 的可能性更大。因此,相对于其他投资方式,企业创新投资时,过度自信的 CEO 会更加依赖现金流,且投资现金流的敏感度更高。

综上所述,我们对基于 CEO 过度自信的两期模型作一小结:通过模型分析得出,过度自信的 CEO 在融资时会过度依赖于内部现金流,在投资时投资现金流的敏感度非常高,尤其对于企业创新投资而言,这种现象会更加明显。

4.2　企业创新外部资金来源重要性的实证分析

通过前面的理论模型分析发现,在企业创新投入过程中,过度自信的 CEO 往往会依赖于内部现金流,且投资现金流敏感度较高。那么,除了内部现金流,外部资金来源对企业创新投入是否重要呢? 这部分我们将从宏观层面出发,通过分析外部金融市场对企业创新投入的影响从而来验证外部资金来源(尤其是股权融资)的重要性①。

企业的创新活动是一个国家能够长远发展的主要驱动力之一,而金融作为社会资源配置的枢纽,是推动科技创新的重要杠杆,科技创新需要有金融的助推。以美国苹果公司为例,作为 IT 行业的典范,苹果公司的技术创新水平可谓遥遥领先,但是这与它背后固定的风险投资和股权融资资源分不开,风险投资助长了苹果公司,全球市值最高的荣誉为苹果公司赢得了更多的机遇。因此,金融市场的发展对企业创新的作用不可忽视。同时,企业创新的资金投入是一个长期持续的过程,仅仅依靠内部现金流会限制创新活动的进展,因此,获取大量的外部融资资源就必不可少,但是仅靠政府补贴和税收优惠渠道是不够的,这就需要构建良好的金融支持体系,这同样也是政府关注的重点之一。2015 年《中共中央　国务院关于深化体制机制改革加快实施创新驱动发展战略的若干意见》指出,要发挥金融创新对技术创新的助推作用,强化资本市场对技术创新的支持,拓宽技术创新的间接融资渠道。2016 年"十三五"规划再次强调要强化金融支持,大力发展风险投资,构建普惠性创新支持政策体系。可见,金融和科技的结合变得越来越重要。近期,越来越多的学者也开始关注金融市场发展对企业创新的影响(Brown 等,2009[131],2012[132];Hsu 等,2014[133];Yifei Mao,2015[134]),但是金融市场发展如何才能有效地促进企业创新仍然面临着很大的挑战(Kerr 和 Nanda,2015[135])。尤其对于金融市场发展不太完善的发展中国家而言,能有效识别金融市场对实体经济的作用,并发挥金融市场对公司业绩及

41

---

① 本部分研究成果已经发表于《软科学》,2016 年第 12 期。

整体经济发展的促进作用十分重要。然而通过梳理文献发现,国内外学者对此方面的研究焦点主要在于金融市场是如何影响企业创新的,却忽视了两者之间的影响机制。本部分不仅验证外部金融市场对企业研发投入的影响,而且进一步探究两者之间的影响机制,并论证其重要性。这不仅为研究企业创新影响因素提供了一个新的视角,也为构建促进科技创新的良好金融体系提供了决策依据。

图4.1统计了2001—2014年我国制造业和信息技术业企业的固定资产投资和研发投入情况,可见,相对固定资产投资而言,企业的研发投入总体呈现较曲折的变化趋势,分别在2006年和2012年出现了高点,在2009年出现了最低点。而2006年和2009年出现的高低点恰逢我国金融市场上两件重大事件:股权分置改革和金融危机。作为我国股票市场20多年的风雨历程中较重要的两大事件,它们的发生对企业股市融资影响深远。2005年的股权分置改革促使非流通股上市流通,这增加了股票的信息含量,降低了信息不对称程度,使投资者能了解到更多的公司信息,继而能有效降低市场摩擦,缓解公司的融资约束[136]。而2008年爆发的全球性金融危机对企业外部融资可谓致命一击,更多的企业由于外部融资的有限性,越来越依靠于内部现金流,这样很大程度上加强了企业的融资约束。而融资约束强的企业会大力地消减研发投资。以美国为例,金融危机期间,多于一半的融资约束企业消减或者推迟了投资[137]。2005年股权分置改革和2008年金融危机对企业股票市场的影响形成了鲜明的对比,那么外部金融市场的变化是否能合理解释企业研发的繁荣和萧条?笔者将进一步揭开这个神秘谜底。

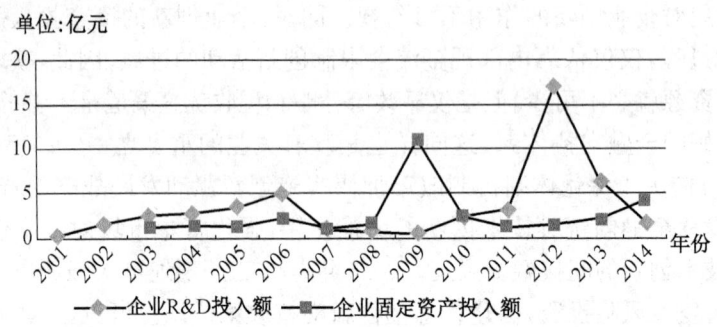

图4.1 2001—2014年制造业和信息技术业企业的R&D和固定资产投入额

与以往学者的研究不同,本书不仅尝试解释外部金融市场对企业创新投入的作用,并进一步分析其影响渠道,从而扩宽金融发展和企业创新投入之间关系的研究。那么外部金融市场到底是通过何种渠道来影响企业创新投入的?一个重要的渠道就是企业R&D外部融资,外部金融市场为企业R&D提供资金来源,并通过企业R&D投入创造产出促进企业创新。这样企业R&D外部融资就将金融市场和企业创新很巧妙地连接在一起。Hsu 等（2014）[133] 通过实证分析得出，外部金融市场通过股票市场和信用市场所提供的融资影响着企业创新。关于企业 R&D 外部融资问题，国外很多学者侧重于分析哪些企业在进行研发外部融资时更有可能面临融资约束（Fazzari 等，1988[138]；Brown 等，2009[131]，2012[132]，2013[139]；Almeida，2013[140]）。然而，并没有大量的实证证据证明融资因素可以足够大地影响到企业创新[131]。清华大学经济管理研究所对我国企业的技术创新活动进行了调查分析，结果表明，在阻碍企业技术创新的众多因素中缺乏创新资金位于首位，所占比例达到 72.7%[141]。可见，国内学者已经开始关注到融资对企业创新的重要性。但是我国学者大多只关注到内部现金流对企业 R&D 的重要性[142][143]，却很少关注到外部融资的重要性。近期，唐清泉（2014[144]；2015[145]）和 Yifei Mao（2015）[134] 开始注意到外部债务融资对企业研发创新的重要影响，却忽视了外部股权融资。本书的研究将重点关注股权融资这一重要中间渠道的影响作用，因为股权融资更适合企业研发投入。Carpenter 和 Petersen（2002）[146] 认为，相比债务融资，股权融资拥有更多优势，尤其对于年轻的高新技术企业而言甚是，股权融资本身并不要求抵押价值。同时，由于逆向选择问题的存在，研发强度高的公司并不适合债务融资[146]。此外，股权融资对企业创新投入的促进作用更加明显。Hsu 等（2014）通过检验金融市场对企业创新投入的作用发现，股票市场对那些高新技术及高度依赖外部融资行业的创新具有明显的促进作用，而信用市场却起到了阻碍作用[133]。

由于我国金融体系还不够完善，关于外部金融市场对企业创新投入作用方面的研究还十分有限，本部分立于国家提倡科技和金融结合的政策基础上，据于融资约束理论，首先，分析了外部金融市场的变化对企业研发投入的影响，尝试通过金融市场上发生的股权分置改革和金融危机事件来解释 2006 年和 2009 年企业研发出现的繁荣和萧条现象；其次，进一步探究两者之间的影响机制——股权融资的重要性，并关注不同年龄的企业存在的差异，得出股权融资的效应期限；最后，深入探究股权融资对企业研发投入影响的经济渠道，并考虑融资成本和研发强度的调节作用。

4.2.1 研究假设的提出

Fazzari 等（1988）[138] 首次提出了融资约束问题，由于外部融资成本高于内部融资成本，当企业内部资源不能满足其投资时，考虑到外部高融资的成本，它们往往会放弃很多投资机会，这样就造成企业投资不足，不能达到最优投资水平。然而相对于其他投资方式，企业 R&D 投资更容易受到融资约束的影响。R&D 活动具有有限的抵押价值，且需要高度的保密性，导致外部投资者不能有效地获取信息，从而导致信息不对称问题严重。此外，R&D 活动可能还面临着逆向选择和道德风险等问题。尤其对于一些年轻的小公司而言，融资约束问题足以造成企业 R&D 投资低于最优水平[132]。Gorodnichenko 和 Schnitzer(2013)通过对企业问卷调查数据的研究给出了直接的证据,证实了融资约束影响企业研发投入[147]。而国内外学者的研究表明很多企业都存在着融资约束现象。Brown 等(2009)[131]、Hall(2010)[148]发现美国一些公司存在着融资约束,同时 Bond 等(2003)[149]也在德国公司发现类似的情况。基于融资约束对企业 R&D 投入的重要性及存在的普遍性,能否有效缓解企业面临的融资约束对企业创新投入尤其重要。

而外部金融市场能为企业提供新的融资渠道和社会资源,保证企业研发投入的资金需要。一方面,外部金融市场有利于降低信息不对称程度,通过发布关于公司未来投资项目的前瞻性信息,引导投资者投资于更有前景的项目,吸引大量资金;另一方面,市场上的乐观情绪引起的资产泡沫也会在一定程度上缓解融资约束[150],Jermann 和 Quadrini(2007)在一般均衡模型基础之上解释了美国 20 世纪 90 年代股市繁荣的原因与股市乐观情绪引起的资产泡沫有关,这种泡沫可以缓解融资约束从而促进经济发展[151]。通过以上分析可知,外部金融市场可以为企业研发投入提供大量的外部资金,确保研发项目的顺利进行。国内外学者的研究成果也论证了这个观点。Liao 等(2010)以澳大利亚 449 家中小制造业企业为研究样本,通过对调查数据的实证分析得出,企业的市场参与程度会影响企业创新投资的财务绩效[152]。Chowdhury 等(2012)通过对发达国家和新兴国家进行面板回归,得出金融市场的发展水平对企业研发投入具有非常明显的促进作用[153]。Hsu 等(2014)以 32 个发达国家和新兴国家为样本,检验了金融发展对技术创新的作用,发现对于那些依赖外部融资的高新技术行业,股票市场具有促进作用,而信用市场具有阻碍作用[133]。国内学者解维敏等(2011)通过实证分析得出,地区金融市场的发展有利于提升我国上市公司的研发投入[154]。俞立平(2013)也通过格兰杰因果检验再次论证了金融对科技创新的作用,但其协调性有待提高,且支持需要时间积累[155]。张玉喜等(2015)通过构建静态和动态面板数据模型,对中国 30 个省(市、自治区)的面板数据进行实证分析得出,金融市场的投入有利于促进科技创新,但存在地区差异[156]。

综上分析可知,外部金融市场对企业创新投入具有明显的正向作用,那么金融市场上发生的变化在一定程度上也会导致企业研发投入的变化。2005 年的股权分置改革通过解决上市公司 2/3 非流通股的流通提升了资本市场效率[157],从而改善了股权融资环境,促进了企业 R&D 投入。而 2008 年的金融危机限制了企业的外部融资,加剧了融资约束,制约了企业 R&D 投入。因此,本书提出假设 H1:

H1:外部金融市场的变化影响着企业的 R&D 投入,股权分置改革导致企业 R&D 投入增加,金融危机导致企业 R&D 投入减少。

如果上述假设成立,那么外部金融市场到底通过何种渠道来影响企业的创新投入？一个重要的渠道就是股权融资，金融市场通过股票的交易融通为企业提供了丰富的资金来源，同时相对外部债务融资，股权融资更适合企业创新投入。这是因为股权融资并不需要提供担保物，股东还可以分享最大收益，不会放大财务困境[131]。国内外学者也意识到了股权融资对企业研发投资的重要性。Brown 等（2009）[131]首次强调了股权融资对高技术企业研发投资的重要性，他们认为由于股票市场的发展，股权融资的增加促使企业的投资现金流敏感性降低，从而缓解了融资约束。Taiyuan Wang 等（2010）[158]研究得出，企业的研发投资与股权融资之间确实存在正相关关系。Brown 等（2012）[132]通过分析欧洲 16个国家融资约束对企业创新的重要性，再次强调股权融资对企业创新的作用。然而，对于美国和欧洲不同的金融体制而言，股权融资的作用是否也不同？2010年 Martinsson 注意到了这个问题，通过对比分析欧洲和美国不同金融体制下股权融资对创新的影响发现，只有英国和美国企业的研发受外部股权融资的影响较大，其他欧洲国家并不明显，这可能是因为这些欧洲国家的股票市场并不发达[159]。2013 年 Brown 等再次通过 32 个国家的样本验证了进入股票市场融资有利于 R&D 投资效率的提高[139]。而对我国而言，外部股权融资对企业研发投资到底是否重要，国内学者也有一定的研究，但由于数据获取存在难度，很少有直接分析股权融资对创新的影响，大多分析外部整体金融环境的影响，即使有少量文献直接研究股权融资，实证分析也相对简单。例如，刘振（2009）[160]比较了融资来源对 R&D 投资与规模投资的影响，研究发现，高新技术企业 R&D 投资的主要资金来源是内源融资和股票融资，负债不适合 R&D 投资。2012 年夏冠军和陆根尧通过分析资本市场对企业研发投入的影响，得出资本市场提供的外部股权融资促进了高新技术上市公司的研发投入。

进一步，相对成熟企业而言，年轻企业的研发投资可能更倾向于通过外部股权融资来获取资金。由于成熟公司主要是一些公司治理水平较高、业务范围稳定、盈利能力较高的公司，因此它们的内部现金流或许已能够满足其投资需要，而不需要求助外部融资，即使进行外部融资，因为其已经建立稳定的交易记录，会很容易获取外部融资，很少存在融资约束（Oliner 等，1992[161]）。然而年轻企业处于发展初期，经营能力有限，内部现金流并不能满足其投资需要，这就需要寻找外部融资渠道，债务融资的高要求导致这些公司更倾向于股权融资。Brown 等（2009）[131]发现，内部现金流和外部股权融资对年轻公司的影响明显，对成熟公司并不明显。基于以上分析，本书提出假设 H2：

H2：外部金融市场所提供的股权融资会显著影响企业的研发投入，而且在较年轻的企业中尤其明显。

此外，股权融资主要通过上市、增发和配股等形式来筹集资金，然而相对成熟企业而言，投资者对年轻企业的情况并不熟悉，需要一段时间来获取和了解年轻企业的信息，这样年轻企业的信息不对称程度就相对严重些，那么其从股市筹

集资金到研发投入就存在一定的时间差,因此,本书提出假设H3:

H3:相对成熟企业,外部金融市场所提供的股权融资对年轻企业研发投入的影响存在明显滞后性。

4.2.2 样本选择、数据来源及计量模型

1. 样本选择与数据来源

本书的样本主要选取在我国沪、深A股上市的制造业和信息技术业企业。因为这类企业的R&D强度较大,同时,这类企业披露R&D信息较全面,刘胜强(2011)发现,在所有披露R&D投入的上市公司中,制造业和信息技术业上市公司占全部样本的80%以上[162]。

样本区间为2002—2014年,该样本期间内经历了2005年的股权分置改革和2008年的金融危机这两大金融事件,这样更能全面分析外部金融市场变化对企业创新资金来源的影响。考虑到变量的估计需要上一年的数据,因此样本的时间跨度向前递延了一年,实际的时间跨度为2001—2014年。此外,还对样本进行了以下的筛选和调整:①考虑到R&D支出的持续性,剔除未连续3年披露R&D费用的企业。②剔除财务数据异常的企业。③为了保证与后文研究样本一致,这里剔除了CEO个人信息缺失的企业。最终得到313家样本企业的3 230个观测值。

为了进一步研究的需要,本书将样本划分为年轻企业和成熟企业。划分标准根据Brown等(2009),将上市时间大于(含)15年的企业视为成熟企业,否则视为年轻企业。313家研究样本中,成熟企业为126家,年轻企业为187家。

本书数据多来自CSMAR数据库。对于2007年《企业会计准则第6号——无形资产》实施之前的研发投入数据及CSMAR数据库中缺失的部分,本书通过手工整理公司年报获得。为了统一口径,主要在财务报告附注"支付的其他与经营活动有关的现金流量"一栏的技术开发费、研发支出、研发费用、科研开发费、科研费用、科研试验费用等项目获得。年报数据主要来自巨潮资讯网,其他财务数据均来自CSMAR数据库。

2. 动态R&D投资模型和变量定义

大多学者采用了包含多变量的静态或动态R&D投资模型。Bond和Meghir(1994)[163]在二次调整成本的假设前提下提出了固定资产投资模型,Brown等(2009)[131]将该模型的因变量变为R&D投资,在欧拉方程的基础之上构建了含融资变量在内的动态R&D投资模型。如果不考虑融资约束问题,研发投资模型如下:

$$RD_{i,t} = \beta_1 RD_{i,t-1} + \beta_2 RD_{i,t-1}^2 + \beta_3 CF_{i,t} + \beta_4 CF_{i,t-1} + \beta_5 S_{i,t}$$
$$+ \beta_6 S_{i,t-1} + d_t + \alpha_i + \nu_{i,t} \tag{4.17}$$

但是,为了全面分析股权融资对企业 R&D 投入的影响,就要考虑融资约束,因而 Brown 等(2009)[131]在模型(4.17)基础上加入了当期及前一期的股权融资变量,本书的研究在此基础上又加入当期和前一期的债务融资变量,提出以下模型:

$$RD_{i,t} = \beta_1 RD_{i,t-1} + \beta_2 RD_{i,t-1}^2 + \beta_3 CF_{i,t} + \beta_4 CF_{i,t-1} + \beta_5 S_{i,t} + \beta_6 S_{i,t-1} + \beta_7 STK_{i,t}$$
$$+ \beta_8 STK_{i,t-1} + \beta_9 DBT_{i,t} + \beta_{10} DBT_{i,t-1} + d_t + \alpha_i + \nu_{i,t} \tag{4.18}$$

其中,$RD_{i,t}$是指公司 i 在 t 期的 R&D 投入总额,类似于其他的 R&D 投资模型,本书的模型中也包括前一期的 R&D 投入($RD_{i,t-1}$)和前一期 R&D 投入的平方($RD_{i,t-1}^2$),从而来反映 R&D 活动的持续性。本书预计 $RD_{i,t-1}$ 的估计系数为正,$RD_{i,t-1}^2$ 的估计系数为负[148]。作为主要的控制变量,$S_{i,t}$ 和 $S_{i,t-1}$ 是指公司当期和前一期的销售净收入,融资变量包括当期和前一期的现金流(CF)、股权融资(STK)和债务融资(DBT)。为了标准化,所有的变量都除以年初的总资产。变量的具体定义如下:①$RD_{i,t}$投入变量。国内外学者经常用 R&D 投入与营业收入之比或 R&D 投入与总资产之比来度量研发投入。投资的欧拉方程是将资本调整成本和企业成长机会看作资本存量的函数,考虑到度量累积研发投入存量存在困难,因此本书选取研发投入与年初总资产之比来衡量企业 R&D 投入。②$CF_{i,t}$变量为经营性现金流量净额与年初的资产总额之比。③$S_{i,t}$表示当年销售净收入变量,为当年的营业净利润与年初总资产之比。④$STK_{i,t}$为企业当年的股本和资本公积金增加数与年初资本总额之比。⑤$DBT_{i,t}$变量表示公司长期负债与年初的总资产之比。⑥d_t是时间固定效应,反映企业共同面对的随时的扰动,α_i是个体效应,处理公司特征的内生性问题。

本书所有实证分析均通过软件 Eviews6.0 和 Stata12.0 来实现。

4.2.3 实证分析

1. 描述性统计

表 4.1 是主要变量的描述性统计,可见信息技术业和制造业企业在 2002—2014 年的企业 R&D 强度平均值为 1.7%,这要高于夏冠军等统计的 1.4%[150]。本书的统计样本扩展到了全部的信息技术业和制造业,且样本期间也扩展到了2014 年,这就导致研发强度均值会有所提升。然而,这个比例与国外发达国家相比还存在一定差距,尤其明显低于美国的高新技术企业。Brown 等(2009)[131]得出美国高新技术企业的研发强度已经达到 17%。所以,我国企业的研发创新投入还有待提高。此外,从融资情况来看,内部现金流平均值为0.079,股权融资平均为 0.023,债务融资平均为 0.019。因此对全体样本企业而言,融资基本以内部现金流为主,其次为股权融资和债务融资,这违背了融资啄

食理论"内源融资—债务融资—股权融资"的顺序。但是,由于企业 R&D 投资的特殊性,这完全与之前的理论分析相吻合。

表 4.1　描述性统计

变量	均值	中位数	最大值	最小值	标准差
RD_t	0.017	0.000	0.675	0.000	0.053
CF_t	0.079	0.058	7.880	−6.195	0.290
S_t	0.055	0.038	4.810	−0.579	0.164
STK_t	0.023	0.000	5.527	−1.171	0.142
DBT_t	0.019	0.000	6.157	−0.590	0.180

　　为了深入研究,本书将研究样本细分为年轻企业和成熟企业,表 4.2 给出了这些企业的 R&D 投融资情况,其中,年轻企业的平均研发强度为 0.032,这要明显高于成熟企业的 0.009。因为年轻企业处于发展的初期,企业发展的重点是要研发出更多的新产品,从而有效占据市场;而成熟企业已经形成比较完善的发展体系,它们更侧重于将研制的产品高效地推广到市场。所以年轻企业的研发强度要明显高于成熟企业,这与 Brown 等(2009)[131] 的研究结论基本一致。融资方面,成熟企业基本遵循着内源融资、股权融资和债务融资的顺序,但是年轻企业的股权融资平均值却达到 0.187,要高于内源融资(0.032)和债务融资(0.020)。这是因为面对年轻企业高需求的研发投入,其内部现金流已经远远不能满足其投资需求,因此必须依赖于外部股权融资。此外,年轻公司在股权融资方面也要显著高于成熟公司,这与之前的理论分析相吻合。

表 4.2　年轻企业和成熟企业 R&D 投融资情况统计

变量和统计		年轻企业	成熟企业	差异化检验(p 值)
RD_t	均值	0.032	0.009	0.000
	方差	0.005	0.002	
CF_t	均值	0.068	0.061	0.459
	方差	0.078	0.076	
S_t	均值	0.081	0.047	0.000
	方差	0.029	0.021	
STK_t	均值	0.187	0.024	0.000
	方差	0.443	0.036	
DBT_t	均值	0.020	0.017	0.671
	方差	0.048	0.022	

2. 股权分置改革和金融危机对企业 R&D 投入的外部冲击分析

2001—2014 年,样本企业分别在 2006 年和 2009 年出现了高点和低点,而这个时间点恰逢 2005 年的股权分置改革和 2008 年的金融危机,考虑到股权融资对企业 R&D 投资的重要性,同时 R&D 投资存在滞后性,我们预测这两大金融事件所引起的股权融资增加或减少进而引起了企业 R&D 投入的高低波动。

股权分置改革通过解决上市公司 2/3 非流通股的流通提升了资本市场效率[157],从而改善股权融资环境,促进企业 R&D 投入。双重差分法(difference in differences,DID)可以衡量一项公共政策所带来的净影响,在公共政策分析和工程的评估中被广泛推崇和使用。因此,本部分通过 DID 方法来验证股权分置改革对企业 R&D 投入的影响。基本研究思路是把样本分为两组,将进行股改的公司视为"实验组"(Treatment group);将未进行股改的公司视为"控制组"(control group)。DID 模型设定如下:

$$RD_{i,t} = \beta_0 + \beta_1 T_{i,t} + \beta_2 A_{i,t} + \beta_3 T_{i,t} A_{i,t} + \varepsilon_{i,t} \tag{4.19}$$

其中,T_{it} 表示进行股改的公司,如果公司进行股改为 1,否则为 0;A_{it} 表示股改实施的时间,股改之后取 1,否则为 0;$T_{it} A_{it}$ 表示公司已完成股改,ε_{it} 表示控制变量,本书控制了模型(4.18)中所有与 R&D 有关的变量。表 4.3 是双重差分分析过程,本书不仅关注同一公司在股改前后的差异,而且关注同一时点上股改公司和未股改公司的差异。

表 4.3 股权分置改革对企业创新投入的双重差分分析

项目	股改前	股改后	差分结果
实验组	$\beta_0 + \beta_1$	$\beta_0 + \beta_1 + \beta_2 + \beta_3$	$\beta_2 + \beta_3$
控制组	β_0	$\beta_0 + \beta_2$	β_2
差分结果			β_3

双重差分的实证结果如表 4.4 所示,未进行股改的公司(控制组)在股改前后的 R&D 投入变化不大,进行股改的公司(实验组)在股改前后的 R&D 投入

表 4.4 股权分置改革对企业创新投入的双重差分分析结果

变量	股改前			股改后			双重差分
	控制组	实验组	差分	控制组	实验组	差分	
R&D	0.01%	0.52%	0.51%	0.01%	0.60%	0.59%	0.08%
P 值	0.000	0.000	0.002	0.000	0.000	0.002	0.001
N	109	168		110	202		

有一定的变化。最后的双重差分结果显著,且值为 0.08%,表明股权分置改革对企业 R&D 投入有大约 0.08% 的促进作用。同时,由于企业研发活动存在滞后性,因此我们就可以解释 2006 年企业 R&D 出现高涨的原因与股权分置改革有关。

然而 2009 年企业 R&D 投入出现的低点,本书预测与 2008 年的金融危机有关。Campello 等(2009)[137]通过调查发现,在 2008 年的全球金融危机环境下,公司由于融资约束问题放弃了很多可能获利的投资项目。因此,本书将金融危机视为一个影响股权融资的外生变量。考虑到企业 R&D 的滞后性,将 2008 年和 2009 年两年视为危机年,在模型(4.18)的基础上引入金融危机变量,用 JW 表示。当样本于 2008 年和 2009 年时,JW 取 1;否则取 0。设定模型如下:

$$RD_{i,t} = \beta_0 RD_{i,t-1} + \beta_1 RD_{i,t-1}^2 + \beta_2 CF_{i,t} + \beta_3 CF_{i,t-1} + \beta_4 S_{i,t} + \beta_5 S_{i,t-1}$$
$$+ \beta_6 STK_{i,t} + \beta_7 STK_{i,t-1} + \beta_8 DBT_{i,t} + \beta_9 DBT_{i,t-1} + \beta_{10} JW$$
$$+ \beta_{11} JW * STK_{i,t} + \beta_{12} JW * STK_{i,t-1} + d_t + \alpha_i + \nu_{i,t} \qquad (4.20)$$

模型(4.20)的回归结果如表 4.5 所示,金融危机对全部样本企业的 R&D 投入存在显著的负影响,系数为 −0.008。而对年轻企业来说,金融危机主要通过制约股权融资来降低研发投入,因为交叉变量的系数为 −0.145,且显著为负。同时,股权融资也在一定程度上可以抵御部分金融危机对企业的冲击,因为加入股权融资变量之后,金融危机对企业 R&D 投入的影响系数由 −0.006 减少到 −0.145。而对成熟企业来说,金融危机通过股权融资对其研发投入产生的影响并不大,因为交叉变量的估计系数不显著。

表 4.5 金融危机对企业创新投入的影响

变量	全部样本	年轻企业	成熟企业
RD_{t-1}	0.424*** (17.54)	0.294*** (8.11)	0.851*** (12.73)
RD_{t-1}^2	−0.219*** (−11.69)	−0.164*** (−7.25)	−0.886*** (−6.58)
S_t	−0.028*** (−3.58)	−0.078*** (−4.20)	−0.020** (−2.16)
S_{t-1}	−0.015** (−1.99)	−0.044*** (−2.92)	−0.001 (−0.13)
CF_t	0.027*** (7.78)	0.040*** (6.39)	0.025*** (5.75)
CF_{t-1}	0.004 (0.73)	0.030 (1.81)	−0.001 (−0.07)

变量	全部样本	年轻企业	成熟企业
STK_t	0.009* (1.87)	0.009** (1.96)	0.004** (2.60)
STK_{t-1}	0.001 (0.31)	−0.004 (−1.44)	0.001 (0.93)
DBT_t	0.014** (2.30)	0.048*** (3.54)	0.001 (0.10)
DBT_{t-1}	0.007 (1.18)	0.029** (2.44)	−0.004 (−0.70)
JW	−0.008*** (−3.46)	−0.006** (−1.94)	−0.005* (−1.86)
$JW*STK_t$	−0.034 (−0.94)	−0.145** (−2.00)	−0.011 (−1.86)
$JW*STK_{t-1}$	−0.043 (−1.54)	−0.156* (−1.01)	−0.003 (−0.10)
R-squared	0.529	0.659	0.369

注：***、**和*分别表示1%、5%和10%的显著性水平，括号内为t值，下同。

综上所述，股权分置改革和金融危机这两大金融事件分别促进和阻碍了企业的股权融资，从而进一步影响了企业的R&D投入，这种影响对年轻企业尤其明显。因此，这可以解释2006年和2009年所出现的企业R&D投入上下波动的现象，从而验证了本书的假设H1。

3. 外部金融市场对企业R&D投入的影响渠道——股权融资的重要性

首先，在不考虑融资约束的情况下对模型（4.17）进行回归，结果如表4.6第2列所示，可见企业前一期的R&D投入和其平方都对企业当期的R&D投入具有显著的影响，这说明企业研发活动具有持续性。且RD_{t-1}的估计系数显著为正，而RD_{t-1}^2则显著为负，这与已有研究中动态R&D回归的结果一致。当期和前一期的销售收入都对研发投入具有显著的负影响，且当期影响系数要大于前一期系数，这与Brown等（2009[131]；2012[132]）的研究结果一致。此外，R&D投入与企业当期的内部现金流也存在显著的正相关关系，说明现金流影响着企业的研发投入。其次，在考虑了融资约束的情况下，对模型（4.18）进行回归，结果如表4.6第3列所示，可见加入股权融资（STK）和债务融资变量（DBT）之后，前一期R&D投入和销售收入的影响系数明显变小，而内部现金流的影响系数增加，这说明确实存在融资约束。同时，当期债务融资与R&D投入之间存在显著正相关关系，说明债务融资影响企业研发投入。此外，回归方程整体的R^2值有所提高,说明加入融资变量后方程的拟合效果更好。最后,重点关注股权融资变量,可见当期的股权融资与企业 R&D 投入存在显著的正相关关系,系数为0.007,这就验证了本书的假设 H2。

表 4.6　动态 R&D 投资回归结果(全体样本)

变量	模型(4.17)	模型(4.18)
RD_{t-1}	0.402*** (16.44)	0.399*** (16.32)
RD_{t-1}^2	−0.206*** (−11.06)	−0.205*** (−10.99)
S_t	−0.017*** (−3.05)	−0.031** (−4.01)
S_{t-1}	−0.015*** (−2.77)	−0.015** (−1.98)
CF_t	0.023*** (7.26)	0.027*** (7.74)
CF_{t-1}	0.004 (0.79)	0.005 (0.90)
STK_t		0.007** (1.86)
STK_{t-1}		−0.001 (−0.45)
DBT_t		0.014** (2.31)
DBT_{t-1}		0.004 (0.66)
R-squared	0.542	0.543

　　由于年轻企业更容易受到融资约束,而且在获取外部融资时更可能倾向于股权融资,因此进一步对比分析股权融资对年轻企业和成熟企业的不同影响,表4.7 给出了回归结果。由表 4.7 可见,年轻公司的 RD_{t-1} 估计系数为 0.278,这要小于成熟公司的 0.809,而年轻公司的 CF_t 估计系数为 0.037,这要大于成熟公司的 0.026,说明年轻公司的研发投入持续性较弱,且受内部现金流的影响更明显,因此证明年轻企业更容易受到融资约束。然而就股权融资而言,年轻公司的 STK_t 变量并不显著,且 STK_{t-1} 变量与企业研发投入在 10% 的显著性水平下负相关,反而成熟公司 STK_t 变量与企业研发投入在 1% 的显著性水平下正相关,这明显与本书的假设及理论不符,成为一个值得深入探究的谜团。

表 4.7　动态 R&D 投资回归结果——年轻和成熟企业对比

变量	年轻企业	成熟企业
RD_{t-1}	0.278 *** (7.45)	0.809 *** (11.64)
RD_{t-1}^2	−0.157 *** (−6.92)	−0.829 *** (−6.04)
S_t	−0.072 *** (−3.79)	−0.024 ** (−2.51)
S_{t-1}	−0.046 *** (−2.97)	−0.004 (−0.43)
CF_t	0.037 *** (5.87)	0.026 *** (5.99)
CF_{t-1}	0.034 ** (2.00)	0.001 (0.15)
STK_t	0.005 (0.57)	0.036 *** (2.71)
STK_{t-1}	−0.006 * (−1.76)	0.001 (0.44)
DBT_t	0.042 *** (3.08)	−0.002 (−0.20)
DBT_{t-1}	0.027 ** (2.27)	−0.007 (−1.10)
R-squared	0.632	0.385

　　基于相关融资理论,年轻公司在进行研发融资时除了内部现金流可能会更倾向于外部股权融资[131],然而本书的实证结果并未验证。笔者设想在年轻企业中,股权融资的作用具有滞后性,因此,将年轻公司样本的股权融资逐步对滞后一期、二期和三期的 R&D 投入进行回归,结果显示,股权融资对滞后一期和二期的研发投入存在负效应,而对滞后三期的研发投入存在显著的正效应,且影响系数要明显高于成熟企业。由于篇幅限制,本书只附上 R&D 投入滞后三期时的回归结果,如表 4.8 所示,RD_{t-1} 的估计系数由 0.278 增加到 0.971,这说明年轻企业的 R&D 投入持续性提高,在一定程度上缓解了融资约束。且 STK_t 变量在 1% 的显著性水平下与滞后三期的 R&D 投入存在正相关关系,系数为 0.144,高于成熟公司的影响系数 0.036。这说明股权融资对年轻企业的影响存在滞后性,到第三年的时候其股权融资才发挥作用,且影响要显著于成熟公司。这是因为相对成熟企业,年轻企业进行股权融资时信息不对称程度较严重,投资

者需要时间来了解这些公司的情况,因此股权融资的作用存在滞后性。这就验证了假设 H2 和假设 H3。

表 4.8　年轻企业的股权融资对滞后三期创新投入的影响

变量	系数
RD_{t-1}	0.971*** (17.52)
RD_{t-1}^2	−1.094*** (−9.88)
CF_t	0.051*** (6.81)
CF_{t-1}	0.032 (1.61)
S_t	−0.042** (−2.32)
S_{t-1}	0.014 (0.76)
STK_t	0.144*** (2.25)
STK_{t-1}	−0.001 (−0.04)
DBT_t	0.023* (1.66)
DBT_{t-1}	−0.014 (−1.00)
R-squared	0.485

4. 研究扩展

1) 股权融资对企业 R&D 投入影响的经济渠道分析

既然外部金融市场提供的股权融资对企业 R&D 投入十分重要,那么它到底是通过哪种渠道来影响研发投入的,关于这方面的研究并不多。据于融资约束理论,当内源融资不能满足其投资需求时,企业往往会寻求外部融资,如果拥有足够的外部融资那么就会缓解融资约束。因此,本书认为股权融资主要通过缓解融资约束来促进研发投资。所以,这部分将检验融资约束这一重要的经济渠道。

关于融资约束变量的度量,学术界一直存在很多争议,因此产生了各种度量方法,但是考虑到其他度量变量都有可能与企业的 R&D 投入存在内生性,这里主要通过公司规模来衡量融资约束。将样本根据总资产数值划分为规模大和规模小两种类型,当企业总资产额高于样本中位值时则为大企业,视为不存在融资约束企业;反之则为小企业,视为存在融资约束企业。因此,本书在模型中加入新的融资约束变量FC,当企业存在融资约束时取1,否则为0。具体模型如下:

$$RD_{i,t} = \beta_0 RD_{i,t-1} + \beta_1 RD_{i,t-1}^2 + \beta_2 CF_{i,t} + \beta_3 CF_{i,t-1} + \beta_4 S_{i,t} + \beta_5 S_{i,t-1}$$
$$+ \beta_6 STK_{i,t} + \beta_7 STK_{i,t-1} + \beta_8 DBT_{i,t} + \beta_9 DBT_{i,t-1} + \beta_{10} FC$$
$$+ \beta_{11} FC * STK_{i,t} + \beta_{12} FC * STK_{i,t-1} + d_t + \alpha_i + \nu_{i,t} \quad (4.21)$$

回归结果如表4.9所示,融资约束对企业R&D投入存在非常显著的负影响,影响系数为−0.001,说明融资约束制约着企业的研发投入。而$FC * STK_t$变量在1%的显著性水平与研发投入之间存在显著的正相关关系,系数为0.016,这说明股权融资在一定程度上抑制了融资约束的负面效应。同时,RD_{t-1}的影响系数变为0.400,在引入融资约束的交叉变量之前,该系数为0.399(如表4.6第3列所示),这说明企业研发投入的持续性增加,股权融资通过缓解融资约束这一渠道来促进研发投入。

表4.9 股权融资对企业 R&D 投入的经济渠道分析

变量	全部样本
RD_{t-1}	0.400*** (16.35)
RD_{t-1}^2	−0.204*** (−10.93)
S_t	−0.035*** (−4.39)
S_{t-1}	−0.013* (−1.76)
CF_t	0.029*** (8.20)
CF_{t-1}	0.002 (0.37)
STK_t	0.005 (0.84)
STK_{t-1}	0.016*** (2.84)
DBT_t	0.016*** (2.63)

（续表）

变量	全部样本
DBT_{t-1}	0.007 (1.17)
FC	-0.001^{***} (-2.44)
$FC * STK_t$	0.002 (0.11)
$FC * STK_{t-1}$	0.016^{***} (2.83)
$R\text{-}squared$	0.545

2) 考虑股权融资成本异质性

资本成本是企业进行融资决策要考虑的重要因素，外部融资成本的高低决定了企业的融资方式，企业往往会倾向于融资成本低的渠道。因此笔者预测，当外部股权融资成本低时，股权融资对企业研发投入的影响更明显。叶康涛等人通过实证证明 β 系数是决定股权融资成本最重要的变量，其解释能力约为 21% [164]。因此，本书通过股票的 β 系数来衡量股权融资成本，β 系数较大则说明融资风险高，其融资成本也高。股票 β 系数排列前 1/3 为股权融资成本高的样本，后 1/3 则为股权融资成本低的样本。本书分析不同股权融资成本下，股权融资对企业研发投入的影响。回归结果如表 4.10 所示，在股权融资成本低的样本中，股权融资在 5% 的显著性水平下与企业研发投入存在正相关关系；而在股权融资成本高的样本中，股权融资在 10% 的显著性水平下与企业研发投入存在正相关关系，这说明股权融资成本低时，两者之间的关系更为显著。

表 4.10　不同股权融资成本下股权融资对企业创新投入的影响

变量	股权融资成本高样本	股权融资成本低样本
D_{t-1}	0.841^{***} (13.70)	0.631^{***} (23.64)
RD_{t-1}^2	-0.823^{***} (-6.15)	-0.300^{***} (-21.37)
S_t	-0.080^{***} (-4.11)	-0.011 (-1.38)
S_{t-1}	-0.033^{**} (-2.18)	0.004 (0.51)

变量	股权融资成本高样本	股权融资成本低样本
CF_t	0.097** (10.01)	0.010*** (3.00)
CF_{t-1}	−0.003 (−0.36)	0.014 (1.41)
STK_t	0.009* (1.81)	0.003** (2.11)
STK_{t-1}	0.002 (0.59)	0.005 (1.55)
DBT_t	−0.004 (−0.26)	0.006 (0.99)
DBT_{t-1}	−0.012 (−1.57)	−0.006 (−0.78)
R-squared	0.396	0.412

3）考虑研发强度异质性

由于研发强度大的企业会进行更多的研发投入，这就需要更多的资金支持，因此笔者预测股权融资对研发强度大的企业影响更明显。这是因为股票市场提供了丰富的风险管理工具，鼓励投资者投资于那些风险高、收益高的项目[165]，而研发强度高的企业会更多地开发此类项目。此外，现有文献也认为股票市场会为倾向于创新的公司提供更高的股票价格。Kapadia等（2006）发现，投资者更倾向于投资类似微软等高新技术类公司的股票[166]。这里采用研发费用与总资产的比例来度量。研发强度排序前1/3为研发强度大企业，排序后1/3为研发强度小企业，笔者将对比分析不同研发强度的企业受股权融资的影响是否不同，结果如表4.11所示。由表4.11可见，对于研发强度大的样本，股权融资对企业研发投入的影响在1%的显著性水平下存在正向作用；而对研发强度小的样本，股权融资对企业研发投入的影响在5%的显著性水平下存在正向作用。因此，与笔者预测一致，股权融资对研发强度大的企业研发投入影响更加明显。

表4.11　不同研发强度下股权融资对企业创新投入的影响

变量	研发强度高样本	研发强度低样本
RD_{t-1}	0.269*** (6.39)	0.144*** (16.48)
RD_{t-1}^2	−0.116*** (−4.83)	−0.292*** (−13.95)

（续表）

变量	研发强度高样本	研发强度低样本
S_t	-0.330^{***} (-6.59)	-0.001^{***} (-7.43)
S_{t-1}	-0.026 (-0.87)	0.001 (0.87)
CF_t	0.537^{***} (22.15)	0.001 (0.21)
CF_{t-1}	-0.029 (-1.11)	-0.004 (-0.79)
STK_t	0.040^{***} (6.81)	0.002^{***} (4.06)
STK_{t-1}	0.065 (1.44)	0.078 (0.49)
DBT_t	-0.023 (-0.41)	0.001 (0.64)
DBT_{t-1}	-0.117^{***} (-2.89)	-0.005 (-0.94)
$R\text{-}squared$	0.624	0.318

5. 稳健性检验

1）安慰剂检验（Placebo Test）

笔者怀疑企业研发投入出现上下波动的现象存在随机性，与当时发生的金融事件无关，因此进行了安慰剂检验。设置 2003 年和 2004 年为伪股权分置改革年；设置 2010 年和 2011 年为伪金融危机年，然后再次对模型（4.20）进行回归，检验伪金融事件的发生对企业研发投入的影响。其中，模型（4.20）中的 JW 变量调整为 FE 变量（金融事件变量），当分别为伪股权分置改革年和伪金融危机年时，FE 变量取 1，实证结果如表 4.12 所示。由表 4.12 可知，无论对于伪股权分置改革还是伪金融危机事件来说，它们对企业研发投入都不存在显著的影响。因此，通过安慰剂检验再次验证了本书的结论。

表 4.12 安慰剂检验结果

变量	伪金融危机事件	伪股权分置改革事件
RD_{t-1}	0.592^{***} (31.53)	0.399^{***} (16.31)
RD_{t-1}^2	-0.287^{***} (-20.25)	-0.205^{***} (-10.99)

变量	伪金融危机事件	伪股权分置改革事件
S_t	-0.032^{***} (-4.15)	-0.031^{***} (-4.02)
S_{t-1}	-0.005 (-0.73)	-0.015^{**} (-1.97)
CF_t	0.030^{***} (8.94)	0.027^{***} (7.74)
CF_{t-1}	-0.002 (-0.52)	0.005 (0.90)
STK_t	0.027^{***} (2.91)	0.007^{***} (7.06)
STK_{t-1}	-0.001 (-0.91)	-0.001 (-0.45)
DBT_t	0.010 (1.55)	0.014^{**} (2.33)
DBT_{t-1}	-0.006 (-1.06)	0.004 (0.66)
FE	-0.004 (-1.40)	-0.005 (-0.17)
$FE*STK_t$	-0.032 (-0.72)	0.005 (0.23)
$FE*STK_{t-1}$	0.056 (0.01)	0.009 (0.45)
$R\text{-}squared$	0.402	0.544

2）变量的替换

为了保证模型估计结果的稳健性，从而使结论更加令人信服，本书对变量进行了调整。首先，考虑到成长机会对企业R&D投入至关重要，因此，笔者在已有模型中加入了能反映未来成长机会的托宾Q变量，来控制R&D投入需求预期，最终结果与所得的结论一致。其次，作为本书的重要影响变量，股权融资的度量也存在很多争议。国外学者大多通过公司首发、配股和增发实际募集资金净额总和减去股票回购资金来衡量股权融资额（Brown等，2009[131]，2012[132]；Martinsson，2010[159]），本书也采用该度量方法进行了稳健性检验，结果表明，股权融资对企业R&D投入确实存在明显促进作用，但并没有本书用股本和资本公积金替代变量显著，可能是因为此方面数据的缺失影响了回归结果。

4.2.4 实证结果及建议

在经济转轨的大背景下,面对错综复杂的金融市场环境,如何能增加企业的研发投入,从而促进企业自主创新能力的提高,这一直是政府和学术界关注的热点。本部分通过金融市场上发生的两大金融事件——股权分置改革和金融危机来解释近几年企业 R&D 投入出现高低波动的现象,验证了外部金融市场的变化对企业创新投入的重要性,并且深入探究两者之间的重要影响渠道——股权融资。通过估计含融资约束因素在内的动态 R&D 投资模型,对我国信息技术业和制造业上市公司进行面板回归,验证了外部金融市场所提供的股权融资对企业 R&D 投入的重要性。主要结论如下:①股权分置改革和金融危机导致企业 R&D 投入在 2006 年和 2009 年分别出现高点和低点。股权分置改革通过增加股权融资对企业 R&D 投入有约 0.08% 的促进作用;而金融危机通过制约股权融资对企业 R&D 投入存在负面影响,这种影响对年轻企业尤其明显。所以,外部金融市场的变化影响着企业的创新活动。②作为外部金融市场与企业创新投入之间的影响渠道,股权融资对企业 R&D 投入具有显著的影响,且在年轻企业尤其明显,但存在 3 年的滞后期。③股权融资通过缓解融资约束这一经济渠道来促进企业研发投入。④通过研究扩展得出,对于研发强度大、外部股权融资成本低的企业,股权融资对企业 R&D 投入的影响更加明显。

据于以上研究结论,笔者提出政策建议如下:①政府层面,要强化资本市场对企业技术创新的支持,营造公开透明、健康发展的金融市场环境。一方面,深化金融监管体制改革,构建健全的金融支持体系,出台一些能够真正服务实体经济及经济转型的金融政策,如 2005 年的股权分置改革。另一方面,在面临不稳定的金融市场环境时,如国际金融危机的冲击,相关政府部门应该有效地利用金融风险管理工具,健全监测预警、压力测试、评估处置和市场稳定机制,从而有效地防范和化解金融风险,真正能为企业的创新活动保驾护航。此外,由于不同规模及不同发展阶段的企业所面临的信息不对称程度和融资约束程度不同,政府应该鼓励构建多层次的融资体系,满足不同层次企业的需求,如以创投、风投及产业投资基金为代表的私募股权形式。②企业层面,在内部现金流不能满足企业研发需求的时候,不能单纯地依靠政府的补助及优惠政策,更要充分利用资本市场的作用,通过积极申请信用贷款及上市股权融资来满足研发需求,尤其要重视股权融资的重要性。这对那些研发强度大的年轻企业而言,尤为重要。同时,鼓励那些研发强度大、规模较小的高新技术企业积极上市。

4.3　CEO 过度自信对企业创新融资约束影响的实证分析

　　以上的实证分析验证了外部资金来源对企业创新投入的重要性。然而已有研究表明,过度自信的 CEO 往往会厌恶外部融资,尤其厌恶股权融资;同时,本书公式(4.1)的模型分析也得出过度自信的 CEO 高度依赖于内部现金流。那么过度自信的 CEO 所表现出的这些特征是否会制约企业创新的资金来源,进而造成投资扭曲呢? 这一部分的实证分析将给予答案①。

　　"过度自信会毁了华为",这是在华为技术有限公司在登上全球电信设备商顶峰,誉满全球之时,华为总裁任正非发出的呐喊。他认为,如果华为失去了谨慎、谦卑、包容这些品质,那么就会一夜之间倾倒。然而,作为一个过度自信的 CEO 代表,苹果公司前总裁史蒂夫·乔布斯(Steve Jobs)正因为其过度自信的品质为苹果公司创造了一个又一个神话,引领了公司一次又一次的创新,被商业周刊评为"最伟大的创新者"[24]。CEO 作为公司重要的决策者,他们的行为特征对公司的发展至关重要,大量研究表明,CEO 的过度自信对公司的投融资决策、公司业绩以及长远发展都有显著的影响。那么,在我国企业的创新活动中,过度自信的 CEO 对企业创新资金来源方面又具有哪些影响? 这些影响是否会进一步导致企业创新投资扭曲?

　　已有学者研究管理者过度自信对企业 R&D 创新投入的影响大多是直接分析这种行为特征是增加还是降低了企业创新投入[24-31],且都有一个共同的前提是企业拥有足够的资金来保证创新投资,这样过度自信的 CEO 才会大刀阔斧地加大创新投入。那么,当企业内部资金不足,企业面临融资约束时,过度自信的 CEO 还会加大创新投入吗? 与已有的研究不同,本书将从融资约束的角度出发,在已有研究的基础之上分析 CEO 过度自信与 R&D 投资现金流敏感度之间的关系。如果 R&D 投资现金流的敏感度非常高时,那么就会导致在现金流不足时出现投资不足,在现金流充足时出现过度投资,这样就偏离了最优投资规模,无法实现企业价值最大化的目标,也就出现了所谓的投资扭曲问题[167],这样轻则削弱企业成长能力,重则可能把企业拖入财务危机的泥潭[18]。因此,本书在此基础上进一步验证 CEO 过度自信对 R&D 投资扭曲程度的影响,分析什么情况下引起过度投资或者什么情况下导致投资不足。

4.3.1　研究假设的提出

1. CEO 过度自信、融资约束与企业 R&D 投资扭曲

融资约束问题由 Fazzari 等(1988)[138]首次提出,是指外部融资成本往往要

---

　　① 本部分研究成果已经发表于《科技进步与对策》,2017 年第 2 期。

高于内部融资成本,当企业内部资源不能满足其投资需求时,因为外部融资的高成本,它们往往会放弃很多投资机会,这样就造成企业投资不足,不能达到最优投资水平。这样融资约束就成为造成企业投资扭曲的一个重要原因。而已有研究表明,过度自信的 CEO 往往认为市场低估了所在公司的价值,认为外部融资成本过高,因此,他们会高度依赖于内部现金流,这样就会加剧融资约束,造成投资扭曲。例如,Heaton 等(2002)[17]首次通过构建理论模型得出,在不同的现金流水平下,管理者过度自信可能会造成企业的投资不足或者过度投资,也就出现了所谓的投资扭曲现象。2005 年 Malmendier 等[18]首次通过 CEO 持股情况来衡量过度自信程度,开创了对管理者过度自信与企业投融资决策之间关系实证研究的先河,并进一步验证了 Heaton[17]的结论。他们认为相对于理性的 CEO,过度自信的 CEO 对投资现金流敏感度的影响更加明显,在现金流充足时,管理者过度自信心理会造成过度投资;在现金流缺乏时,其又会造成投资不足,对于权益依赖型的企业尤其如此。Lin、Hu 和 Chen(2005)[35]用类似的方法对中国台湾地区的样本数据进行验证,认为在内部现金流充足时,过度自信管理者往往存在过度投资的问题,而当融资约束程度大时,过度自信管理者与理性管理者之间的投资差距更大。国内学者郝颖等(2005)[103]通过实证研究得出,管理者过度自信和企业投资水平呈现正相关关系。而王霞等(2008)[105]通过实证研究得出,管理者过度自信导致企业过度投资,但是管理者过度自信不会影响到投资和自由现金流之间的敏感性,却会影响投资和融资现金流之间的敏感性。可见,国内外学者无论通过理论模型还是实证分析,无论通过国外数据还是国内数据都一致证明,过度自信的管理者会导致企业面临融资约束,从而导致投资扭曲。然而,研究成果中所涉及的企业投资基本是企业的总投资,并没有考虑企业投资方式的异质性,从而对比分析其影响差异,同时也缺乏专门对企业研发投资的考察。而相对固定资产投资,企业的研发投资具有高风险性、高保密性,且具有有限的抵押价值,这样企业 R&D 投资更容易面临融资约束。Brown 等(2009)[131]和 Hall 等(2010)[148]发现,美国一些公司的研发投资存在着融资约束,Bond 等(2003)[149]也在德国发现了类似的情况。一方面,企业 R&D 投资特性导致其本身容易受到融资约束;另一方面,CEO 过度自信的特质也会加剧融资约束,而融资约束又会引起投资扭曲。因此,本书提出假设 H1 和假设 H2:

H1:相对固定资产投资,CEO 过度自信会加剧企业 R&D 融资约束。

H2:相对固定资产投资,CEO 过度自信对企业 R&D 投资扭曲影响更加显著。

2. 考虑外部股权融资成本时,CEO 过度自信对企业 R&D 投资扭曲的影响

为了抑制企业出现投资扭曲现象,就需要缓解融资约束,为企业提供充足的外部融资资源。外部融资主要包括债务融资和股权融资,而由于股权融资并不需要提供担保物,股东还可以分享最大收益,不会放大财务困境等特征[161],使股权融资更加适合企业 R&D 投资。Brown 等(2009)[131]首次强调了股权融资对高技术企业研发投资的重要性,认为由于股票市场的发展,股权融资的增加促使企业的投资现金流敏感性降低,从而缓解了融资约束。Brown 等(2013)[139]再次通过 32 个国家的样本,验证了进入股票市场融资有利于 R&D 投资效率的提高。同时,已有研究也表明,过度自信的 CEO 之所以高度依赖于内部现金流,也是由于他们认为外部股权融资成本过高,因此厌恶通过发行股票来融资[17][168]。因而当外部股权融资成本下降时,过度自信的 CEO 对企业内部现金流的敏感度也会随之降低,融资约束程度降低,这样能有效缓解投资扭曲现象的发生。因此,本书提出假设 H3:

H3:当外部股权融资成本下降时,过度自信 CEO 对企业 R&D 融资约束的影响程度也随之下降,同时降低了对企业 R&D 投资扭曲的影响。

3. 企业异质性检验

CEO 过度自信加剧了企业 R&D 融资约束,从而引起企业 R&D 投资扭曲,那么对于融资约束程度不同的企业,CEO 过度自信对企业 R&D 投资扭曲程度影响是否也会不同? 企业投资扭曲分为投资过度和投资不足。当企业存在融资约束时,过度自信的 CEO 会更加依赖于内部现金流,当内部现金流不足时,就会造成投资不足;而当企业不存在融资约束时,企业内部现金流就可以满足企业的 R&D 投资需求,就不会出现投资扭曲现象,这时过度自信的 CEO 就会合理促进企业的研发投入,这就与之前学者们所提出的结论一致[26][29][31]。而研究表明,融资约束大多存在于那些较年轻、规模较小的企业中[131][132]。同时,相对国有企业,非国有企业由于缺少来自国家层面的资源保障,在获取外部资金时也存在一些困难。因此,本书提出假设 H4 和假设 H5:

H4:对于易受到融资约束的年轻企业、小型企业和非国有企业,CEO 过度自信会造成其 R&D 投资不足。

H5:对于不易受到融资约束的成熟企业、大型企业和国有企业,CEO 过度自信并不会造成其 R&D 过度投资。

4.3.2 研究设计

1. 样本、数据和主要变量

1) 样本和数据

与 4.2.1.2 所描述的相同,本书所有实证分析的样本均来自我国沪、深 A 股上市的制造业和信息技术业企业,且样本期均为 2002—2014 年,样本的处理及分类方法也均与 4.2.1.2 描述的一致。此外,国有企业和非国有企业根据企业实际控制人的性质划分;规模按每年所有样本总资产的中位值进行划分,大于其中位值则为大企业,否则为小企业。

研发数据来源与 4.2.1.2 描述一致,财务数据和市场数据均来自 CSMAR

数据库,CEO 个人特征数据结合 CSMAR 数据库和公司年报手工整理获得。

2) 主要变量

a. 过度自信变量的度量

本书的过度自信变量均采用本书第 3 章所提出的 CEO 晋升频率指数方法来度量,以下章节将不再一一强调。

b. 融资约束的度量

早在 1988 年 Fazzari、Hubbard 和 Petersen 提出了经典的自由现金流敏感性学说,他们认为如果企业投资对内部现金流显著敏感,那么企业的投资就面临融资约束,这个方法也被后面学者广泛运用[131][132][139]。之后又出现了很多度量融资约束的方法,如 KZ 指数、WW 指数、SA 指数等。但是,考虑到本书主要通过分析 CEO 过度自信对企业内部现金流的依赖程度来验证其对 R&D 投资扭曲的影响,因此,本书主要采用经典的投资现金流敏感度来衡量融资约束。

c. 投资扭曲的度量

关于企业投资扭曲程度的度量,本书主要参照 Richardson(2006)[168]和花贵如等(2010)[169]所提出的研究方法,通过投资模型中的残差来表示实际投资水平与预测投资之间的差值,也就是投资扭曲程度,用 Invdis 表示。当这个残差的绝对值比较大时,其偏离程度越大,投资扭曲程度也越大。当残差大于 0 时,则为过度投资;小于 0 则为投资不足。具体模型见后面章节。

d. 其他变量

本部分在分析 CEO 过度自信对企业投资现金流敏感度影响时,被解释变量包括当期的固定资产投资(FI_t)或 R&D 投资(RD_t),解释变量为 CEO 过度自信变量 OC,控制变量包括了前一期的固定资产投资或 R&D 投资及其平方,当期和前一期的内部现金流(CF)和销售收入(S)变量,此外,还包括当期和前一期的股权融资(STK)和债务融资(DBT)等融资变量。在分析 CEO 过度自信对企业 R&D 投资扭曲时,被解释变量为投资模型中的残差,其中,投资模型涉及总资产($Asset$)、资产负债率(Lev)、股票回报率($Return$)等。与前面章节相同的变量,其定义也一致,这里不再介绍。其他的变量定义如表 4.13 所示。

表 4.13　其他变量的定义

变量	变量定义
FI_t	企业 t 年的固定资产增加额/当年初的资产总额
RD_t	企业 t 年的 R&D 投入总额/当年初的资产总额
OC	表示 CEO 过度自信变量,当 CEO 的晋升频率指数位于前 1/3 时则取 1,否则取 0
$Asset_t$	企业 t 年总资产的对数

（续表）

变量	变量定义
Lev_t	企业 t 年总负债/总资产
$Return_t$	股票回报率通过经市场调整后的股票年回报率来度量
$Cash_t$	企业 t 年现金和短期投资之和/总资产
Q	市场价值/资产重置成本
Age	所在年份减去企业上市的年份

2. 主要模型

1）动态 R&D 投资模型

与公式（4.18）类似，本书同样参考 Brown 等（2012）[132]的投资模型，并考虑当期变量及前一期变量对 R&D 投资的影响。

再者，为了研究 CEO 过度自信对 R&D 融资约束的影响，笔者在动态 R&D 投资模型中加入 $OC \times CF$ 的交叉变量，最终的 R&D 投资模型如下：

$$RD_{i,t} = \beta_0 + \beta_1 RD_{i,t-1} + \beta_2 RD_{i,t-1}^2 + \beta_3 CF_{i,t} + \beta_4 CF_{i,t-1} + \beta_5 S_{i,t} + \beta_6 S_{i,t-1}$$
$$+ \beta_7 STK_{i,t} + \beta_8 STK_{i,t-1} + \beta_9 DBT_{i,t} + \beta_{10} DBT_{i,t-1} + \beta_{11} OC + \beta_{12} OC \times$$
$$CF_{i,t} + \beta_{13} OC \times CF_{i,t-1} + d_t + \alpha_i + \nu_{i,t} \quad (4.22)$$

其中，$OC \times CF_{i,t-1}$ 和 $OC \times CF_{i,t}$ 是新引入的 CEO 过度自信与前一期和当期现金流的交叉变量，笔者主要通过观察该交叉变量的系数情况，来分析 CEO 过度自信对企业 R&D 投资现金流敏感度的影响，验证其对企业 R&D 融资约束的影响。此外，该模型还包括了公司和年份的固定效应影响。

2）投资扭曲模型

为了度量企业 R&D 投资扭曲，本书主要参照 Richardson（2006）[168]和花贵如等（2010）[169]所提出的研究方法，具体的模型如下：

$$Inv_{i,t} = \beta_0 + \beta_1 Asset_{i,t-1} + \beta_2 Lev_{i,t-1} + \beta_3 Q_{i,t-1} + \beta_4 Age_{i,t-1} + \beta_5 Return_{i,t-1}$$
$$+ \beta_6 Cash_{i,t-1} + \beta_7 Inv_{i,t-1} + \sum Industry + \sum Year + \xi_i \quad (4.23)$$

其中，$Inv_{i,t}$ 表示企业 i 在 t 年的固定资产投资或者 R&D 投资。残差 ξ 表示投资扭曲程度，用 $Invdis$ 来表示，当残差大于 0 时，则为过度投资；小于 0 时，则为投资不足。

4.3.3 描述性统计及回归分析

1. 描述性统计

表 4.14 表示 CEO 过度自信和适度自信的企业、国有和非国有企业、年轻和成熟企业、大企业和小企业的 R&D 投融资情况。从融资比例来看，无论以哪种

表 4.14 不同性质企业 R&D 投融资情况对比

变量和统计		CEO 过度自信企业	CEO 适度自信企业	Difference (p-value)	国有企业	非国有企业	Difference (p-value)	年轻企业	成熟企业	Difference (p-value)	大企业	小企业	Difference (p-value)
RD_t	Mean	0.02	0.02	0.00	0.02	0.03	0.11	0.03	0.01	0.00	0.02	0.03	0.00
	Variance	0.01	0.00		0.02	0.00		0.01	0.00		0.00	0.00	
CF_t	Mean	0.07	0.06	0.38	0.07	0.06	0.16	0.07	0.06	0.46	0.08	0.05	0.00
	Variance	0.09	0.07		0.13	0.01		0.08	0.08		0.13	0.03	
S_t	Mean	0.06	0.07	0.00	0.06	0.07	0.01	0.08	0.05	0.00	0.07	0.05	0.00
	Variance	0.02	0.03		0.02	0.03		0.03	0.02		0.04	0.01	
STK_t	Mean	0.10	0.11	0.15	0.04	0.16	0.00	0.19	0.02	0.00	0.05	0.08	0.02
	Variance	0.19	0.28		0.07	0.42		0.44	0.04		0.07	0.21	
DBT_t	Mean	0.02	0.02	0.91	0.02	0.02	0.85	0.02	0.02	0.67	0.03	0.00	0.00
	Variance	0.02	0.05		0.02	0.04		0.05	0.02		0.06	0.01	

类别划分的公司都呈现出相同的趋势,那就是现金流所占比重最大,其次是股权融资和债务融资,这有悖于基本的融资啄食理论"内源融资—债务融资—股权融资"的顺序。由于 R&D 投资性质的特殊性,R&D 强度高的公司一般很少利用债务融资[148]。收益的不稳定性导致债务融资结构并不太适合这些公司[170],同时,R&D 投资具有的有限的抵押价值等特性都造成 R&D 融资更倾向于内源融资和股权融资。

此外,CEO 过度自信企业的 R&D 投资和销售收入都要显著高于适度自信企业,融资方面差别不显著。非国有企业、年轻企业和小企业的 R&D 投资强度明显很大,这可能是因为这些企业基本处于发展的初步阶段,R&D 的积极性相对较高,研发新的技术和产品对它们而言尤其重要,而那些比较成熟的大型企业,R&D 技术已经形成一定的体系,投资的重点可能就侧重于将新产品批量化生产和有效地推向市场等后期工作。融资方面,国有企业的股权融资要显著多于非国有企业;较年轻的小型企业更多地依赖内源融资和股权融资;相对小企业,大企业的债务融资要多些,这可能因为大企业更有可能获得外部债务融资。综上所述,对于非国有企业、年轻企业和小企业而言,R&D 投资机会相对较多,而内部现金流已经不能完全满足这些公司的投资需求,因此,这些公司更有可能面临融资约束。

表 4.15 是对模型(4.23)估计后的残差统计情况。由表 4.15 可见,固定资产投资的残差 ξ_{FI} 均值要小于研发投资的残差 ξ_{RD} 均值,因此,相对固定资产投资而言,企业 R&D 投资更容易出现投资扭曲现象,这与理论相符。此外,在 R&D 投资扭曲样本中,$\xi_{RD}<0$ 的观测值为 542 个,而 $\xi_{RD}>0$ 的观测值为 169 个,这就说明相对投资过度,企业 R&D 投资不足的现象比较普遍。同时,$\xi_{RD}>0$ 的均值和中位值的绝对值要大于 $\xi_{RD}<0$,这就说明企业过度投资的扭曲程度要大于投资不足,这一结论与张功富等(2009)的结论基本一致。

表 4.15　投资残差统计结果

	均值	中位数	最大值	最小值	观测值
ξ_{FI}	0.000	−0.035	8.180	−1.516	2235
ξ_{RD}	0.003	−0.009	0.669	−0.735	2394
$\xi_{RD}>0$	0.050	0.016	0.669	0.001	169
$\xi_{RD}<0$	−0.011	−0.009	−0.001	−0.108	542

2. CEO 过度自信对企业融资约束的影响——固定资产投资与 R&D 投资对比分析

为了验证本书所提出的假设 H1,笔者分别对固定资产投资模型和 R&D 投资模型的回归结果进行对比,其中,固定资产投资模型为 Bond 和 Meghir

(1994)[163]提出的基本模型,即将模型(4.18)中的 RD 变量变为固定资产投资变量,本书这里定义为 FI 变量,用企业固定资产增加额比总资产来衡量,具体回归结果如表4.16所示。由表可见,对企业R&D投资而言,前一期的投资与当期投资存在显著的正相关关系,而这种现象在固定资产投资中并不存在。这是因为R&D投资周期较长,投资具有持续性,后期的投资会受前期投资的影响,而固定资产投资则不受前期投入的影响。同时,前一期固定资产(R&D)投资的平方对当期投资都存在非常显著的负作用,这与 Hall 和 Lerner(2010)[148]所预测的相符。当期的销售收入无论与固定资产投资还是R&D投资都存在显著的负相关关系,这与 Brown 等(2009[131]、2012[132])的研究结论一致。这可能是因为企业的销售收入高导致企业更侧重于已有产品的短期销售而忽略了产品的长期投资。同时,当期现金流对企业固定资产投资的正效应却远远大于对R&D投资的正效应,这可能是因为R&D投资作为一种长期性、高风险性的投资方式,其受投资机会的影响可能要大于现金流的影响。此外,在外部融资方面,对固定资产投资来说,债务融资要显著于股权融资的影响;对R&D投资来说,股权融资要显著于债务融资的影响,这与理论相符。因为债权人考虑到R&D投资的高成本、高风险性,往往并不会为其提供资金保障,同时债务融资需要提供一定的担保物,而R&D投资作为一种无形资产投资,存在很多局限性。但是股权融资本身不需要抵押物等优点更适合R&D投资[131]。最后,对于本书关注的CEO过度自信与现金流的交叉变量来说,无论对固定资产投资还是R&D投资,都在1%的显著性水平下显著正相关,但是在固定资产投资模型中的 $OC \times CF_t$ 系数为0.049,这要小于R&D投资模型中的系数0.055,这说明与固定资产投资相比,CEO过度自信对企业R&D投资现金流的敏感度会更加明显,所以会更有可能加剧R&D融资约束。因此,验证了假设H1。

表4.16 企业动态投资回归结果

变量	固定资产投资		变量	R&D 投资	
FI_{t-1}	0.040 (0.71)	0.309*** (6.15)	RD_{t-1}	0.427*** (16.84)	0.431*** (16.82)
FI_{t-1}^2	−0.020*** (−5.75)	−0.053*** (−16.22)	RD_{t-1}^2	−0.215*** (−11.03)	−0.217*** (−11.05)
S_t	−0.668*** (−8.91)	−0.599*** (−9.09)	S_t	−0.002 (−0.31)	−0.004** (−2.08)
S_{t-1}	0.166** (2.17)	0.247*** (3.66)	S_{t-1}	−0.017** (−2.14)	−0.018** (−2.15)
CF_t	1.273*** (33.19)	0.554*** (12.55)	CF_t	0.021*** (7.08)	0.003*** (5.18)

变量	固定资产投资		变量	R&D 投资	
CF_{t-1}	0.048 (0.93)	0.087* (1.70)	CF_{t-1}	0.002* (1.92)	0.003 (1.04)
STK_t	0.007* (2.22)	0.013* (1.87)	STK_t	0.001*** (7.11)	0.001** (2.14)
STK_{t-1}	−0.014 (−0.61)	−0.007 (−0.35)	STK_{t-1}	−0.001 (−0.57)	−0.001 (−0.56)
DBT_t	0.839*** (13.95)	0.613*** (11.41)	DBT_t	−0.002** (−2.28)	−0.001* (−1.85)
DBT_{t-1}	0.032 (0.55)	0.074 (1.44)	DBT_{t-1}	0.006 (1.02)	0.004 (0.75)
OC		0.010* (1.88)	OC		0.004* (1.80)
$OC×CF_t$		0.049*** (25.03)	$OC×CF_t$		0.055*** (4.17)
$OC×CF_{t-1}$		−0.408 (−0.68)	$OC×CF_{t-1}$		0.006 (0.49)
R-squared	0.49	0.62	*R-squared*	0.54	0.54
observations	2 294	2 251	*observations*	2 456	2 403

3. CEO 过度自信对企业投资扭曲程度的影响——固定资产投资与 R&D 投资对比

从以上分析可知,相对固定资产投资而言,CEO 过度自信对企业 R&D 投资现金流敏感度的影响更加显著,那么是否会造成其对 R&D 投资扭曲的影响也会更加明显,笔者将进一步验证。企业固定资产投资和 R&D 投资扭曲通过估计模型(4.23)的残差得到,用 *Invdis* 表示。由于篇幅限制,笔者直接附上 CEO 过度自信对企业固定资产投资和 R&D 投资扭曲的影响结果,如表 4.17 所示。由表 4.17 可见,CEO 过度自信对固定资产投资扭曲的影响在 10% 的显著性水平下显著,而对 R&D 投资扭曲的影响在 5% 的显著性水平下显著。因此,这就验证了假设 H2,相对固定资产投资而言,CEO 过度自信对企业 R&D 投资扭曲的影响更加显著。

4. 考虑股权融资成本之后,CEO 过度自信对企业 R&D 融资约束及投资扭曲的影响

根据前面理论分析,本书预测当股权融资成本降低时,CEO 在进行 R&D 投资时对内部现金流的依赖程度就会有所下降,因而融资约束程度下降,进一步

表 4.17　CEO 过度自信对企业投资扭曲的影响

	因变量(Invdis)	
	固定资产投资	R&D 投资
OC	0.003* (1.82)	0.005** (2.35)
常数项	0.091*** (7.08)	0.022*** (9.96)
观测值	1 652	1 819
R-squared	0.15	0.16

会缓解 R&D 投资扭曲现象。关于股权融资成本的度量,与 4.2.1.3 一致,这里不再重复。笔者进一步将样本分为股权融资成本高和股权融资成本低的企业,在不同股权融资成本下,对比分析 CEO 过度自信对企业 R&D 融资约束及投资扭曲的影响,具体实证结果如表 4.18 和表 4.19 所示。由表 4.18 可知,在股权融资成本高的样本组,CEO 过度自信和现金流的交叉变量 $OC \times CF$ 与 R&D 投资在 5% 的显著性水平下显著正相关,且系数为 0.098;而在股权融资成本低的样本组,两者交叉变量与 R&D 投资在 10% 的显著性水平下显著正相关,系数为0.009,这就说明当股权融资成本下降时,CEO 过度自信对企业 R&D 融资约束的影响也随之下降。表 4.19 报告的是在不同股权融资成本下,CEO 过度自信对企业 R&D 投资扭曲的影响,由表 4.19 可见,相对股权融资成本高的样本,在股权融资成本低的样本中,CEO 过度自信对企业 R&D 投资扭曲的影响明显下降。因此,随着股权融资成本的下降,CEO 过度自信对企业 R&D 融资约束的影响也下降,从而对 R&D 投资扭曲的影响也会下降,这就验证了假设 H3。

表 4.18　不同股权融资成本下 CEO 过度自信对企业 R&D 融资约束的影响

变量	股权融资成本高的样本	股权融资成本低的样本
RD_{t-1}	0.840*** (13.76)	0.575*** (20.27)
RD_{t-1}^2	−0.819*** (−6.18)	−0.278*** (−20.01)
S_t	−0.081*** (−4.16)	−0.030*** (−3.69)
S_{t-1}	−0.055** (−3.53)	0.013 (1.50)
CF_t	0.126*** (12.09)	0.080*** (9.56)

变量	股权融资成本高的样本	股权融资成本低的样本
CF_{t-1}	−0.013* (−1.66)	0.020 (1.48)
STK_t	0.011* (1.89)	0.003* (1.82)
STK_{t-1}	0.001 (0.29)	0.004 (1.39)
DBT_t	−0.006 (−0.41)	0.013** (2.08)
DBT_{t-1}	−0.019** (−2.05)	−0.011 (−1.58)
OC	0.001 (0.04)	0.005** (2.35)
$OC \times CF_t$	0.154*** (7.05)	0.075*** (9.02)
$OC \times CF_{t-1}$	0.079*** (3.68)	−0.018 (−1.02)
R-squared	0.43	0.46
observations	1 045	1 003

表4.19 不同股权融资成本下CEO过度自信对企业R&D投资扭曲的影响

变量	R&D 投资扭曲（Invdis）	
	股权融资成本高的样本	股权融资成本低的样本
OC	0.004** (2.65)	0.005* (1.82)
常数项	0.020*** (10.33)	0.025*** (9.02)
观测值	704	786
R-squared	0.261	0.249

5. 企业异质性检验

由以上分析可知，CEO过度自信会导致企业R&D融资约束，从而造成企业R&D投资扭曲现象严重。那么对于融资约束程度不同的企业，这种影响是否存在差异？笔者将进一步验证。本书将企业细分为年轻企业和成熟企业、大企业和小企业、国有企业和非国有企业,验证在容易受到融资约束的那些年轻企业、非国有企业和小企业中,CEO 过度自信是否会导致其投资不足;而在不易受到融资约束的企业中,CEO 过度自信是否会导致其投资过度。其中,投资不足和投资过度的度量根据前述方法,将残差小于 0 视为投资不足,反之为投资过度。具体结果如表 4.20 所示,通过回归结果可见,容易受到融资约束的年轻企业和小企业,过度自信的 CEO 会导致其 R&D 投资不足,CEO 过度自信变量 OC 和投资不足变量之间存在显著的正相关关系,而非国有企业不存在这种现象。此外,不易受到融资约束的那些成熟企业、国有企业和大企业,CEO 过度自信并不会导致其过度投资。这与近期学者们所得结论一致,CEO 过度自信有利于促进企业创新投入[26][29][31],但是,对于那些易受到融资约束的年轻企业和小企业,这种观点并不成立。这验证了假设 H4 和假设 H5。

表 4.20 企业异质性检验

	因变量(投资不足)			因变量(投资过度)		
	年轻企业	小企业	非国有企业	成熟企业	大企业	国有企业
OC	0.299*** (3.01)	0.011** (2.07)	−0.008 (−0.39)	−0.1077 (−1.09)	0.028 (0.96)	0.221 (1.56)
常数项	0.611*** (24.22)	0.001*** (3.78)	0.576*** (8.95)	0.429*** (29.94)	0.185*** (15.67)	0.428*** (33.40)
观测值	1 060	1 347	1 106	1 321	1 309	1 281
R-squared	0.23	0.16	0.27	0.30	0.17	0.27

6. 稳健性检验

1) 变量的替代

对于开展 CEO 过度自信与企业投资融资决策关系方面的研究,能否客观地度量 CEO 过度自信变量是该研究的难点,国内外学者至今也没有形成统一的标准,因此对 CEO 过度自信度量的偏差在一定程度上就会影响研究结果的客观性。为了使本部分的研究更加稳健,本书将通过其他方法重新度量过度自信。郝颖等(2005)[103]以高管人员(董事长和 CEO)持有本公司股票数量的变化来衡量管理者过度自信,若持股增加且增加原因为非红股和业绩股的高管人员视为过度自信,该方法提出后被广泛应用,这里笔者使用该方法进行稳健性检验。此外,心理学的相关研究表明,过度自信的行为会受到人的年龄、工作经验、专业技能和教育背景等个人特征的影响[171][172]。因此,笔者也通过手工收集 CEO 的年龄和任职时间等个人特征,将 CEO 年龄和任职时间作为 CEO 过度自信的代理变量。已有研究表明,相对年龄小的 CEO,年龄较大的 CEO 的过度自信程度可能较弱,他们过去所经历的失败或决策错误促使他们在做决定时会收集更多信息,花费更多的时间,这样促使他们正确认识自身的能力,从而减少因对自身能力和知识面的高估而产生的判断偏差[173]。而相对任职时间短的CEO,任职时间长的CEO拥有更加丰富的经营管理经验,在作出决策时他们会反复考虑,从而不断修正偏差,这样就降低了决策失误的概率,其过度自信的程度可能相对较弱[172]。因此,本书中CEO年龄小于样本中位值则认为其过度自信,CEO过度自信变量取1,否则为0;CEO任职时间小于样本中位值则认为其过度自信,CEO过度自信变量取1,否则为0。近期,易靖韬等(2015)[31]基于高管的投资决策提出了新的度量过度自信的方法,具体方法如本书3.4节所示。这部分通过这四种已有的度量方法重新对CEO过度自信进行测算,并进行实证分析,最后所得结果与本书结论一致,这就通过了稳健性检验(限于篇幅回归结果未列示)。

2) 控制变量的增加

鉴于成长机会对企业R&D投资的重要性,与前面章节类似,本书在动态R&D投资模型中加入了能反映未来成长机会的托宾Q变量,来控制R&D投入需求预期,最终结果与本书所得结论一致。

4.3.4 实证结果及建议

本部分主要从微观角度出发,分析了过度自信CEO对企业创新融资约束及对研发创新投资扭曲的影响,分别通过对动态R&D投资模型和投资扭曲模型进行面板回归得出:①与固定资产投资相比,CEO过度自信对企业R&D融资约束的影响更加明显,从而导致其对企业R&D投资扭曲程度的影响也更加明显。②通过股票的β系数来衡量股权融资成本,发现当股权融资成本下降时,CEO过度自信对企业R&D融资约束的影响程度也随之减弱,同时也减弱了其对企业R&D投资扭曲的影响。③通过企业异质性检验发现,对于易受到融资约束的年轻企业和小企业来说,CEO过度自信会造成其投资不足;而对于那些不易受融资约束的成熟企业、国有企业和大企业而言,CEO过度自信并不会造成其投资过度。这就说明CEO过度自信对企业创新投入的促进作用只有在不受融资约束的企业才能成立。

本部分研究结论从微观角度进一步证实了CEO过度自信确实会促使企业R&D投资过度依赖于内部现金流,加剧了企业R&D融资约束,造成企业R&D投资扭曲,而且这种现象在易受到融资约束的年轻企业和小企业中尤其明显。因此,对于那些年轻企业和小企业而言,为了提升企业的技术创新能力,应该建立科学、合理的公司治理机制来约束CEO过度自信所导致的R&D投资扭曲行为。一方面,公司应该通过公正的竞选机制选拔自信的管理人才进入管理团队。另一方面,公司也应该想方设法进行干预和调整,防止其转化为过度自信。例如,稳定现金流、增加信息披露来减少融资约束从而抑制过度自信导致的R&D投资不稳定性;通过独立董事的介入加强外部监督从而约束过度自信管理者的行为;适当分散股权,增加债务约束抑制过度自信倾向。此外,也有研究认为,管理团队中女性的比例高有助于控制公司投资的波动,抑制无效率投资,因此,通过调整管理团队的性别比例来分散权力也会约束过度自信管理者的投融资行为。

4.4　本章小结

　　本章从资金来源角度出发,分别通过理论模型和实证检验分析 CEO 过度自信对企业创新资金来源的影响。其中,理论模型部分构建了基于过度自信 CEO 的企业创新投融资两期模型,分析了过度自信 CEO 的投融资选择。然后,在理论模型分析的基础之上,又分别从宏观和微观两个层面进行实证验证,其中,宏观层面检验了外部资金来源对企业创新投入的重要性;微观层面分析了过度自信 CEO 对企业创新融资约束及其投资扭曲的影响。

　　通过构建基于过度自信 CEO 的企业创新投融资两期理论模型后发现,过度自信的 CEO 在融资过程中会高度依赖于内部现金流,且投资现金流敏感度非常高,对企业创新投资尤其明显。这一结论的得出为后续实证研究的开展提供了良好的理论基础和假设前提。

　　通过宏观层面实证分析外部资金来源对企业创新投入的重要性后发现,外部金融市场的变化影响着企业 R&D 投入的变化,股权分置改革通过增加股权融资对企业 R&D 投入存在正面促进作用,而金融危机通过制约股权融资对企业 R&D 投入存在负面影响,这对年轻企业尤其明显;股权融资对企业 R&D 投入十分重要,对年轻的、研发强度大的、外部股权融资成本低的企业尤其重要,但对年轻企业存在 3 年的滞后期。此外,股权融资通过缓解融资约束这一经济渠道来促进研发投入。本部分的实证结果验证了外部股权融资对企业创新投入的重要性,然而理论模型分析得出过度自信的 CEO 在创新融资过程中往往会倾向于内部现金流融资,并不会寻求外部融资渠道,这样就可能导致企业创新投入存在融资约束问题,这将通过微观层面的实证分析来进行验证。

　　通过微观层面实证分析过度自信 CEO 对企业创新融资约束的影响后发现,相对固定资产投资,过度自信 CEO 对企业创新投资现金流敏感度的影响更为明显,过度自信 CEO 对企业创新融资约束的作用更加明显,从而导致其对企业创新投资扭曲程度的影响也更显著;当股权融资成本下降时,过度自信 CEO 对企业创新融资约束的影响也随之减弱,同时也减弱了其对企业创新投资扭曲的影响;对于那些易受融资约束的年轻企业和小企业而言,过度自信 CEO 会导致其投资不足,但是对于那些不易受融资约束的成熟企业、大企业和国有企业而言,过度自信 CEO 并不会导致其过度投资。

　　本章通过将理论模型和实证分析相结合，一致得出过度自信 CEO 在企业创新投入过程中由于过度依赖于内部现金流，因此更容易导致企业创新投资的扭曲，这种现象在那些易受融资约束的年轻企业和小企业中尤其明显。同时，在那些易受融资约束的企业，过度自信 CEO 会导致其投资不足；但是，在不易受融资约束的企业，过度自信 CEO 并不会导致其过度投资。因此，从资金来源角度看，CEO 过度自信对企业创新投入的促进作用只有在不易受融资约束的企业才成立。

第5章 CEO过度自信对企业创新投入决策行为的影响

本章主要从企业创新决策行为角度分析 CEO 过度自信对企业创新投入的影响。首先,通过构建包括融资约束在内的过度自信 CEO 职业生涯关注模型,分析了过度自信 CEO 与企业创新投入决策之间的关系及其在融资约束情况下的差异,这为后面的实证分析奠定了理论基础和假设前提。其次,从宏观层面出发,通过将研究视角聚焦到城市层面,进而剖析背后的影响渠道,最终实证验证了企业家特征对企业创新投入的重要性。最后,本章进一步实证检验了 CEO 过度自信的特征对企业创新投入的影响及其在不同融资约束水平下的差异。

5.1 CEO过度自信对企业创新投入决策行为影响的模型分析

考虑到过度自信的管理者倾向于高估未来成功的概率,低估失败的概率,因此,他们往往会对未来不确定的、复杂的、高风险的事物表现出较积极的态度。而企业创新就是这样一种不确定、高风险和复杂性的活动,这就为分析过度自信 CEO 在企业创新投入中的决策偏差提供了理论背景。基于此,Galasso 等(2011)[25]构建了基于过度自信 CEO 的职业生涯关注模型,本书将借鉴此模型。此外,考虑到融资约束也会影响 CEO 的决策行为进而制约企业创新投入,所以本章将扩展此模型,在原模型基础上加入融资约束变量,并检验其调节作用。

5.1.1 基本假设

在构建模型之前,本书提出以下假设:

(1) 类似于 Aghion 等(2009)[174],本书通过企业的创新来衡量 CEO 的能力。

(2) 假定 CEO 的能力(θ)无论对 CEO 本人(C)还是市场(M)都是未知的,且 CEO 能力满足 $\theta \in [0, \bar{\theta}]$。市场($M$)和 CEO 个人($C$)对 CEO 能力具有不同的先验信念,分别定义为 $\Pr_M(\theta)$ 和 $\Pr_C(\theta)$,其中,市场对 CEO 能力的先验信念服从贝叶斯法则,$\Pr_M(\theta=0) = \Pr_M(\theta=\bar{\theta}) = \dfrac{1}{2}$。

（3）假定 CEO 处于一个完全竞争的劳动力市场，在 CEO 任职期间，CEO 在第二期的收入等于市场对其能力的预测。

（4）与 Aghion 等（2009）[174] 的观点类似，假定 CEO 的能力具有部门特定性，即 CEO 在本部门的能力与调到其他部门的能力是不相关的。因此，如果 CEO 被调到其他部门去工作时，就会存在一个转换成本 φ。假设 CEO 调到其他部门的报酬为 $\underline{w} = \bar{\theta}/2 - \varphi$。

（5）在 Galasso 等（2011）[25] 模型的基础之上，本书假设由于各企业的融资约束程度不同导致其创新程度不同，从而会影响 CEO 的能力。所以，本书在模型中加入了融资约束参数 ε。

5.1.2　基于 CEO 过度自信的职业生涯关注模型

考虑到过度自信的 CEO 往往会高估自己的能力，因此，CEO 个人对其能力的先验信念为 $\Pr_C(\theta = \bar{\theta}) = \dfrac{1}{2}(1 + \xi)$，这里的 $\xi \in (0, 1]$，ξ 就代表 CEO 过度自信的参数。

这里假设模型是一个两期模型，在第 1 期时，CEO 决定是否进行创新投入 i，$i \in \{0, 1\}$。如果 CEO 不进行创新投入，那么 $i = 0$，公司在第 2 期的收益 $y_0 = 0$，CEO 的能力也为零；如果 CEO 进行创新投入，那么 $i = 1$，这时会产生创新成本 I，公司在第 2 期的收益 $y_1 \in \{0, 1\}$，这时存在 CEO 能力的信息 θ。这里，我们假设 $E[y_1 \mid \theta = \bar{\theta}] = p > E[y_1 \mid \theta = 0] = \lambda p$，其中 $\lambda = 1 + \varepsilon$，且 $\varepsilon \in [0, 1)$ 是融资约束参数。所以，当融资约束程度高时，CEO 能力越弱，公司的未来收益也越小。

博弈次序如下：①CEO 是否决定创新，如果决定进行创新，则会付出 I 的创新成本。②市场根据公司收益的实现情况来对 CEO 能力做评估；只有 CEO 进行创新，市场才能通过创新来判断 CEO 能力。③通过对比第 2 期 CEO 留在企业的收益和被调到其他部门的收益，CEO 来决定其是否会留在企业里。

本书采用后向归纳法对模型求解，如果 CEO 决定创新，市场信念遵循贝叶斯法则，那么 CEO 在公司内第 2 期的收入为：

$$w_2(t_1) = \bar{\theta}\Pr_M(\theta = \bar{\theta} \mid y_1) = \bar{\theta}\left[\frac{y_1}{1 + \lambda} + \frac{(1 - y_1)(1 - p)}{2 - p - \lambda p}\right] \tag{5.1}$$

笔者假设 $w_2(1) > w\underline{w} > w_2(0)$，如果 CEO 的创新失败了，在第 2 期 CEO 将会离开公司。所以只有当第 1 期创新的期望净收益（$E[w_2(y_1) \mid \xi] - I$）高于第 2 期不创新的期望收益（$w_2(y_0) = \bar{\theta}/2$）时，CEO 才会进行创新。因此，创新发生的均衡条件如下：

$$E[w_2(y_1) \mid \xi] - I > w_2(y_0) = \bar{\theta}/2 \tag{5.2}$$

其中，创新的期望收益为：

$$E[w_2(y_1) \mid \xi] = \left[\frac{1}{2}(1+\xi)p + \frac{1}{2}(1-\xi)\lambda p\right]\frac{\bar{\theta}}{1+\lambda} \tag{5.3}$$
$$+ \left[\frac{1}{2}(1+\xi)(1-p) + \frac{1}{2}(1-\xi)(1-\lambda p)\right]\underline{w}$$

公式(5.3)的第一项是 CEO 实现高收益时的收入 $w_2(1)$ 与事前概率相乘；第二项是 CEO 的外部选择与创新失败的事前概率相乘。在均衡状态下，只有创新成本不太高时，CEO 才会选择创新，即 $I \leqslant I' \equiv E[w_2(y_1) \mid \xi] - \frac{1}{2}\bar{\theta}$。

5.1.3 模型推理及分析

5.1.3.1 过度自信 CEO 对企业创新投入决策行为的影响

前面分析已得出 CEO 进行创新投入的均衡条件，由于 ξ 代表过度自信参数，为了进一步分析过度自信的 CEO 与企业创新投入决策的关系，本书将均衡条件中的相关参数 I' 对过度自信参数 ξ 求一阶导数得到：

$$\frac{\partial I'}{\partial \xi} = \frac{p}{2}(1-\lambda)\left(\frac{\bar{\theta}}{1+\lambda} - \underline{w}\right) > 0 \tag{5.4}$$

由公式(5.4)可以看出，CEO 的过度自信程度越大，ξ 就会越大，I' 自然也会越大，这样就越有可能满足创新投入的均衡条件。因此，当 CEO 过度自信程度越大时，企业进行创新投入的可能性就会越大，两者之间存在正相关关系。

5.1.3.2 考虑企业融资约束的调节作用

为了进一步考察企业融资约束程度不同时，CEO 过度自信对企业创新投入决策的影响差异，本书在公式(5.4)的基础上对包括融资约束参数在内的参数 λ 求二次偏导数，由于 $\lambda = 1 + \varepsilon$，$\varepsilon$ 为融资约束参数。求导后得出：

$$\frac{\partial^2 I'}{\partial \xi \partial \lambda} = -\frac{p}{2}\left(\frac{\bar{\theta}}{1+\lambda} - \underline{w}\right) - \frac{p}{2}\frac{\bar{\theta}(1-\lambda)}{(1+\lambda)^2} < 0 \tag{5.5}$$

由于 $\lambda = 1 + \varepsilon$，因此 $\dfrac{\partial^2 I'}{\partial \xi \partial \varepsilon} < 0$。所以，随着企业融资约束程度的增加，过度自信 CEO 进行创新投入的可能性会逐渐变小。由此，相对融资约束企业，非融资约束企业的 CEO 过度自信对企业创新投入的促进作用更明显。

综上所述，笔者对本节的理论模型做一小结：通过构建基于 CEO 过度自信的职业生涯关注模型可见，CEO 过度自信对企业创新投入具有正面促进作用；考虑企业融资约束程度后发现，这种促进作用在非融资约束企业会更加明显。

5.2 企业家特征对企业创新投入重要性的实证分析

前面的理论模型分析得出 CEO 过度自信与企业创新投入决策之间存在正

相关关系,那么这一结论是否能够通过实证检验呢?这一部分本书首先将从宏观层面出发,实证验证企业家特征对企业创新投入是否重要。而且,不同于传统的研究视角,考虑到企业所处的城市环境也会影响其创新投入,本书将焦点聚集到了城市层面,通过分析企业创新投入的城市效应,进而深入剖析背后的影响渠道,从而检验企业家特征的重要性[①]。

作为唯一跻身"全球50大创新公司"排名榜的中国公司,华为技术有限公司的自主创新能力得到了全球的认可,这与它对研发投入的持续增加分不开。华为技术有限公司在全球多个城市设有研发中心,例如,在浪漫之都巴黎设有美学研发中心,在数学家云集的圣彼得堡设有算法研发中心,在深圳、上海、北京等地也设有侧重点不同的研发中心。那么引发人们思考的是,为何不同城市的研发中心都独具特色?为何研发中心都设在一些较发达的大型城市?企业的研发投入具有城市效应吗?其影响渠道是什么?事实上,城市发展对企业投资有重要影响(Dougal等,2015[175])。特别是我国作为一个地域广阔、发展极不平衡的发展中国家,城市发展差异更为明显。例如,中国社会科学院发布的《中国城市竞争力报告2016》显示综合竞争力十强的城市主要集中在珠三角、长三角、环渤海和港澳台地区,而中西部地区无一入选。这种城市发展的极不平衡可能导致企业研发投入的不平衡,而企业创新的不平衡又会进一步加剧城市发展的不平衡,这样似乎陷入一种恶性循环,不利于城市的均衡发展,同时制约了企业创新能力的提高。面对我国城市发展极不平衡的现实,要遵循创新驱动发展战略的政策导向,我们有必要验证企业的研发投入是否存在城市效应?如果存在城市效应,其影响渠道是什么?这有助于从根源上找到有利于企业研发投入的有效对策。

关于研发投入影响因素的探讨,从区域角度来研究的还比较少。学者们分别从创新投入、创新产出及创新能力的角度出发,分析区域文化环境、政策环境、创新环境、金融发展水平及技术体制对其影响,普遍得出存在明显的区域差异[176][177]的结论。然而,已有研究大多分析了东、中、西部地区或各省份的差异,少有文献具体到城市层面。同时仅关注到差异的存在性及差异的程度,而忽视了差异形成的原因。本部分细化到城市层面,聚焦我国30个主要城市的企业研发投入差异,并深入探讨其差异形成的原因。

究竟什么因素导致企业研发投入存在地区差异?虽然区域的外在因素,如气候条件、交通状况、政治环境[178][179],以及人力资本等[180]会影响企业研发投入,但是,内生交互也是一个重要的因素[175]。这里的内生交互是指一个企业如果发现了好的投资机会就会通过溢出效应将信息扩散给邻近企业,继而影响到邻近企业的投资,而这种扩散是通过城市居民之间的内生交互产生的[175]。这种内生性还会影响到员工之间的知识扩散、公司之间的技术溢出,以及居民之间的

①　本部分研究成果已经发表于《中国软科学》,2017年第3期。

消费外部性[181]。具体到城市层面,考虑到企业家是企业中拥有较高决策权和执行权的特殊群体,他们是城市发展最核心的构成要素之一,且拥有更多私人信息并擅于获取和交流信息,因此,本书将关注企业家之间的内生交互,并将其定义为企业家活力,尝试从企业家活力角度来解释企业研发投入的城市效应现象。本部分研究不仅是对城市经济学领域文献的补充,也扩展了企业研发投入影响因素方面的研究。

5.2.1 研究问题的提出

企业的投资存在地区效应吗? 关于此方面的研究最早开始于 1999 年,Coval 等认为由于信息不对称的原因,本地投资者更倾向于投资本地的公司,投资具有地区效应[182]。随后,他们研究了知情交易者和资产定价的关系,发现共同基金管理者在整个投资组合中更偏向于本地公司,而且获得了大量的异常收益[178]。在早期学者研究成果的基础上,Pirinsky 等进行了研究扩展,发现在同一城市的公司股票收益呈现出一起变化的趋势[179]。近期,Korniotis 等也发现一个州的经济变量,如失业率等,可以提前两个季度来预测当地公司的股票收益[183]。可见,公司的投资及股票收益的确存在很强的地区效应。然而,国内的相关探讨并不多见,研究角度多基于区域差异的对比。例如,郭蓉等(2011)通过调研数据发现出东、西、中部各地区的技术体制存在很大差异[184]。李柏洲等(2014)认为,企业在技术获取模式、技术进步及创新产出方面都存在地区差异[185]。白俊红等(2016)利用空间计量经济学方法得出,区域基础设施、金融环境、人力资本、对外开放水平及制度环境等都对政府进行 R&D 资助具有正向的拉动作用[186]。以上研究都是基于较大范围的区域对比,具体到城市层面的研究较欠缺。代明等(2011)以深圳市为例,发现创新型城市可以为创新型企业提供相适应的、特有的创新服务环境和行业支持系统[187]。马亚华等(2016)测算出54 个主要城市的品牌指数,发现城市品牌能将企业内部资产价值、产品质量和诚信水平等信息全部显示出来,继而降低了交易成本,提高了企业的经营绩效[188]。总之,已有研究从大范围的区域对比到城市层面的细化研究,都一致认为区域或城市的发展对当地企业的投融资、经营绩效及股票收益等存在明显影响。

众所周知,企业的研发投入在企业所有投资项目中占有很大比例,制造业和信息技术业企业尤其如此。那么,城市发展程度也会影响企业研发投入吗? 企业的研发投入是否也存在明显的城市效应呢? 本部分将通过实证分析来验证。

如果上述问题的答案是肯定的,那么笔者想弄清楚这种城市效应是通过何种渠道实现的? 前述文献表明,外部环境如区域的气候状况、基础设施、交通情况、制度环境等会影响当地企业的投资需求。但当笔者具体到直辖市、省会城市及经济特区等城市层面时,内生交互则是更直接和更深层次的渠道。这将在本书中通过实证给予验证。何为内生交互？举例说明，假设同一个城市有两家企业 A 和 B，其投资策略会受到不确定性因素 X 的影响，X 有可能通过两种渠道来影响企业 A 和 B：①X→A 和 X→B；②交互性影响：X→A→B[175]。渠道①的特点是不确定性因素 X 分别影响企业 A 和 B，导致它们的投资决策发生变化。例如，1980 年全国人大常委会批准在深圳设立经济特区，为深圳市企业的发展提供了政策支持，当地企业的投资如雨后春笋般迅猛增长，各种所有制企业如民营、外资企业等都加大了投资力度。因此，在该渠道中，外部因素分别影响着各企业，而企业之间并未相互影响。渠道②的特点是不确定性因素 X 导致企业之间存在"内生性"的学习和交流，Manski（1993）称之为"内生性"的地区效应[189]。与渠道①的外生因素不同，它是由于企业之间内生地相互影响到彼此。这种内生性主要由以下几种方式实现[175]：

第一，技术和知识的溢出效应。它是指公司 A 的员工通过社会交往将已有的技术和知识传递给公司 B 的员工，从而实现了公司之间的交互影响。

第二，追风效应。它是指在有利的因素 X 影响下，由于追风或者攀比，公司 A 和 B 会在同时期加大投资。

第三，抵押价值。它是指若公司 A 进行项目投资并获利，公司 A 的员工会由于对房产等不动产的需求增加而抬高其价值。这样公司 B 会通过已增值的土地进行债务融资，从而促进投资[190]。

第四，其他方式。若公司 A 进行项目投资并获利，可能会提高当地基础设施的建设，如机场、公路等，这样公司 B 通过搭便车也会获利，降低了经营成本。或者，公司 A 投资后获利，会刺激员工的消费，公司 A 的员工会通过社会交往带动公司 B 员工增加消费，从而提高其工作积极性，提高公司 B 的效益。

上述四种内生性的实现方式并不是各自孤立，而是相互作用的。但它们基本是通过企业员工之间的交互作用实现的[175]。考虑到企业家在企业中起着举足轻重的作用，本部分研究将聚焦于企业家之间的内生交互作用，即企业家活力，通过实证验证企业家之间的交流和学习能否带动企业投资的交互作用，尤其关注企业的研发投入。

5.2.2　样本选择、数据来源及模型设计

1. 样本选择和划分

样本选择类似于 4.2.1.2，这里不再详细叙述，最终形成 30 个城市 313 家公司共 3 230 个观测值。同时，确保每个城市的样本企业数量至少 5 家。其中，北京市的企业有 45 家，上海市的企业有 20 家，广州市的企业有 12 家，深圳市的企业有 27 家，武汉市的企业有 10 家等。

本书根据所属行业 i 和总部所在城市 a 对企业进行了划分。其中，行业分类根据 2012 年证监会发布的《上市公司行业分类指引》中的二级行业标准划分。

以中兴通讯股份有限公司为例,其行业 i 划分为计算机、通信和电子设备制造业,总部所在城市 a 为深圳市。

此外,借鉴 Brown 等(2009)[131] 的标准,本书进一步将样本企业进行细分,上市时间大于(含)15 年的企业为成熟企业,否则为年轻企业;大于样本总资产中位值为大企业,否则为小企业;按企业实际控制人的性质分为国有企业和非国有企业;研发强度排序前 1/3 为研发强度大的企业,后 1/3 为研发强度小的企业。

2. 数据来源

本部分数据来源与 4.2.1.2 一致,主要通过手工搜索年报和 CSMAR 数据库两种方式来获得。

3. 模型设计

为了检验企业研发投入的城市效应,本书拟分析同城市不同企业的研发投入关联性,尤其关注不同行业企业之间的关联性。借鉴 Dougal 等(2015)[175] 的模型,将投资(Investment)调整为研发强度(RD 变量),提出如下模型:

$$
\begin{aligned}
RD_{j,\,t}^{i,\,a} = \alpha &+ \sum_{k=0}^{2}\beta_{1,\,k}RD_{p,\,t-k}^{i,\,-a} + \sum_{k=0}^{2}\beta_{2,\,k}RD_{p,\,t-k}^{-i,\,a} \\
&+ \sum_{k=0}^{2}\beta_{3,\,k}RD_{p,\,-j,\,t-k}^{i,\,a} + \beta_4 X_t^{i,\,a} + \varepsilon_{j,\,t}^{i,\,a}
\end{aligned}
\tag{5.6}
$$

其中,$RD_{j,\,t}^{i,\,a}$ 指总部位于城市 a、行业为 i 的公司 j 在 t 年的研发强度,研发强度通过研发投入与年初的总资产之比来衡量。解释变量分别表示不同组合 P 在 $t-k$ 年的研发强度,包括同行业不同城市组合 $(i,-a)$;同城市不同行业组合 $(-i,a)$;同城市同行业组合 (i,a) 但不包括公司 j 在内。控制变量 $X_t^{i,\,a}$ 表示公司、年和地区的固定效应。

模型(5.6)中,β_1 代表企业研发投入的行业效应;β_2 表示城市效应;β_3 综合反映了行业和城市效应,本书将重点关注 β_2。

此外,考虑到现金流 CF 和托宾 Q 是决定企业投资的两大关键要素[171],对研发投入尤其如此。本书将模型(5.6)中的解释变量调整为现金流变量(cf)和托宾 Q 变量(q),得到改进模型如下:

$$
\begin{aligned}
RD_{j,\,t}^{i,\,a} = \alpha &+ \sum_{k=0}^{1}\alpha_{1,\,k}q_{p,\,t-k-1}^{i,\,-a} + \sum_{k=0}^{1}\alpha_{2,\,k}q_{p,\,t-k-1}^{-i,\,a} + \sum_{k=0}^{1}\alpha_{3,\,k}q_{p,\,-j,\,t-k-1}^{i,\,a} \\
&+ \sum_{k=0}^{1}\alpha_{4,\,k}cf_{p,\,t-k}^{-i,\,a} + \sum_{k=0}^{1}\alpha_{2,\,k}cf_{p,\,t-k-1}^{-i,\,a} + \sum_{k=0}^{1}\alpha_{6,\,k}cf_{p,\,-j,\,t-k}^{-i,\,a} \\
&+ \sum_{k=0}^{1}\alpha_{7,\,k}q_{j,\,t-k-1}^{-i,\,a} + \sum_{k=0}^{1}\alpha_{8,\,k}cf_{j,\,t-k}^{-i,\,a} + \alpha_9 X_t^{i,\,a} + \varepsilon_{j,\,t}^{i,\,a}
\end{aligned}
\tag{5.7}
$$

其中,cf 为经营性现金流量净额与年初的资产总额之比;q 为权益的市场价值与其资产重置成本之比。

5.2.3 实证结果及分析

1. 描述性统计

图 5.1 给出我国直辖市、省会城市及经济特区等 30 个城市 2003—2014 年样本企业的研发投入分布情况。按照 30 个城市企业研发强度四分位数划分结果发现:不同城市之间企业的研发强度差距非常大,前 1/4 是后 1/4 的 4 倍多。这种差距具有持续性,从 2003—2014 年持续存在。企业研发强度排在前 1/4 的城市主要是北京、上海、广州、深圳和成都等经济发达的大型城市,而排在后 1/4 的则为拉萨、兰州等较不发达城市。这一有趣的发现表明城市发展水平不同是造成企业研发投入较大差异的原因。

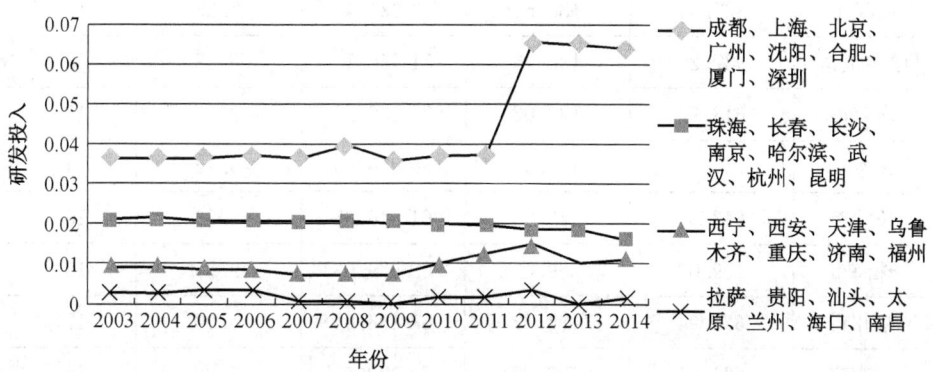

图 5.1 2003—2014 年我国主要城市的企业研发强度趋势图

表 5.1 报告了 30 个样本城市相关指标的统计结果,其中,企业平均研发强度排名前十的城市主要是北京、上海、广州、深圳以及成都等这些较发达的城市,除重庆市外,这些城市的总人口数量、在岗职工人数和人均工资、市场化指数排名也靠前。综合城市总体指标可见,一个城市的经济发达程度与当地企业的研发投入水平呈现同一趋势发展。

表 5.1 主要城市总体统计指标

城市	年末总人口（万人）	在岗职工人数（万人）	在岗职工年平均工资（元）	所在省份 2014 年市场化指数	企业平均研发投入排名
深圳市	332.21	447.39	73 392.38	9.35	1
厦门市	203.44	109.2	63 062.49	8.07	2
合肥市	712.81	127.56	59 648.42	7.46	3
沈阳市	730.84	143.71	56 589.59	7	4
广州市	842.42	310.45	74 246.13	9.35	5

城市	年末总人口（万人）	在岗职工人数（万人）	在岗职工年平均工资（元）	所在省份2014年市场化指数	企业平均研发投入排名
北京市	1 333.4	705.35	103 400.41	9.08	6
上海市	1 438.69	671.27	92 189.76	9.78	7
成都市	1 210.74	217.55	63 201.37	6.62	8
昆明市	550.5	100.07	58 153.4	4.94	9
杭州市	715.76	268.32	70 823.44	9.78	10
武汉市	827.31	188.51	60 624.48	7.28	11
哈尔滨市	987.29	132.45	51 554.1	6.22	12
南京市	648.72	173.02	77 286.26	9.63	13
长春市	754.55	124.09	56 976.99	6.42	14
长沙市	662.8	123.78	61 846.65	6.79	15
珠海市	159.03	69.43	62 579.63	9.35	16
福州市	674.94	131.22	58 838.06	8.07	17
济南市	621.61	120.87	62 322.6	7.93	18
重庆市	3 375.2	379.66	56 851.31	7.78	19
乌鲁木齐市	266.91	79.77	61 617.39	3.49	20
天津市	1 016.66	243.2	84 833.06	9.17	21
西安市	815.29	193.92	54 097.65	6.36	22
西宁市	202.64	31.54	54 914.08	2.53	23
南昌市	517.73	104.32	51 848.13	6.79	24
海口市	165.31	50.02	50 652.54	5.94	25
兰州市	374.67	62.1	54 008.39	4.04	26
太原市	369.74	101.16	57 770.59	5.27	27
汕头市	535.64	52.19	45 938.13	9.35	28
贵阳市	382.91	91.6	59 330.47	4.85	29
拉萨市	52.73	11.6	72 468.02	0.62	30

注:数据来自《中国城市统计年鉴2015》,市场化指数来自《王小鲁:中国市场化八年进程报告》。

表 5.2 是全部样本及不同样本组合的主要变量的描述性统计,由表 5.2 可知,全部样本企业的研发强度平均值为 0.018,其中,同城市同行业的企业研发强度平均值最大,为 0.025;全部样本企业的现金流、股票收益及托宾 Q 平均值分别为 0.065、0.004、1.867。其中,不同城市同行业组合的现金流和股票收益均值都最大,分别为 0.052 和 0.004;同行业同城市的托宾 Q 值最大为 1.545。

表 5.2 描述性统计

变量	均值	中位数	最大值	最小值	标准偏差
全部公司					
RD	0.018	0.000	0.675	0.000	0.055
cf	0.065	0.047	7.880	−1.205	0.265
$Returns$	0.004	−0.057	5.472	−2.225	0.578
q	1.867	1.397	27.022	0.164	2.038
同城市不同行业组合					
RD	0.018	0.005	0.380	0.000	0.030
cf	0.048	0.040	7.880	−2.983	0.227
$Returns$	0.001	−0.002	3.630	−1.702	0.289
q	1.421	1.149	25.393	0.000	1.172
同城市同行业组合					
RD	0.025	0004	0.574	0.000	0.050
cf	0.043	0.031	1.752	−0.369	0.082
$Returns$	−0.002	0.000	5.472	−1.789	0.385
q	1.545	1.094	27.022	0.000	2.276
不同城市同行业组合					
RD	0.017	0.006	0.187	0.000	0.024
CF	0.052	0.044	0.774	−1.205	0.059
$Returns$	0.004	−0.002	1.430	−1.651	0.202
q	1.443	1.126	13.161	0.000	0.927

表 5.3 报告了三个不同组合的变量之间的相关系数,可见三个组合之间 RD 的相关系数都为正,最大为 0.39;cf 相关系数也为正,最大为 0.14;托宾 Q 最大的相关系数为 0.35;股票收益的最大相关系数为 0.04。不同组合的 cf 和托宾 q 与 RD 之间的相关关系也基本为正,只有不同地区同行业的 cf 与同行业同地区的 RD 之间的相关系数为 −0.18。

表 5.3　组合相关系数

项目	不同城市同行业					同城市不同行业					同城市同行业				
	cf	$debt$	q	rd	re	cf	$debt$	q	rd	re	cf	$debt$	q	rd	re
不同城市同行业															
cf	1.00														
$debt$	0.10	1.00													
q	0.09	0.18	1.00												
rd	0.16	0.05	0.43	1.00											
re	-0.02	0.07	0.13	0.05	1.00										
同城市不同行业															
cf	-0.03	0.06	-0.04	0.11	0.03	1.00									
$debt$	-0.01	0.00	0.16	0.12	0.03	-0.18	1.00								
q	0.01	0.04	0.48	0.30	0.00	-0.03	0.07	1.00							
rd	0.11	0.03	0.38	0.39	0.07	-0.01	0.02	0.33	1.00						
re	-0.03	-0.02	0.07	0.07	0.09	0.01	0.09	0.15	0.06	1.00					
同城市同行业															
cf	0.09	-0.06	-0.01	0.11	-0.09	0.14	0.07	0.02	0.02	0.04	1.00				
$debt$	0.01	0.01	0.01	0.04	0.02	0.00	0.00	0.02	0.02	-0.01	-0.08	1.00			
q	-0.04	0.04	0.26	0.20	0.08	0.04	0.06	0.35	0.35	0.25	0.13	0.00	1.00		
rd	-0.18	0.13	0.24	0.39	0.07	0.13	0.00	0.36	0.36	0.48	0.08	0.00	0.13	1.00	
re	-0.01	0.02	0.02	0.06	0.04	-0.01	0.00	0.00	0.00	0.00	0.02	0.01	0.13	0.02	1.00

2. 企业研发投入的城市效应分析

笔者通过对模型(5.6)的回归来分析企业研发投入的城市效应,实证结果见表5.4。其中,列(1)和列(2)分别是对同城市不同行业及同行业不同城市组合单独回归的结果,表示行业效应的系数 β_1 与表示城市效应的系数 β_2 都显著为正,分别为 0.421 和 0.248,说明企业的研发投入存在城市效应和行业效应,回答了本书提出的第一个问题。列(3)是同时考虑两种效应的回归结果,则系数同样显著为正,且 β_1 大于 $\beta_2(0.449 > 0.107)$,进一步说明企业的行业效应和城市效应的存在性,且行业效应大于城市效应。

表 5.4 模型(5.6)的回归结果

项目	(1) R&D	(2) R&D	(3) R&D	(4) R&D	(5) R&D	(6) R&D
同城市不同行业						
R&D (同期)	0.248 *** (6.01)		0.107 ** (2.32)	0.269 *** (2.88)	0.259 ** (2.35)	0.228 ** (2.03)
R&D (滞后1年)					0.150 ** (2.62)	0.080 (0.73)
R&D (滞后2年)						0.280 (1.50)
不同城市同行业						
R&D (同期)		0.421 *** (8.90)	0.449 *** (7.01)	−0.019 (−0.44)	0.649 *** (4.73)	0.677 *** (4.90)
R&D (滞后1年)					0.095 (0.83)	0.095 (0.62)
R&D (滞后2年)						−0.023 (−0.10)
同城市同行业						
R&D (同期)				0.260 ** (2.44)	0.071 ** (2.49)	0.065 ** (2.36)
R&D (滞后1年)					−0.065 (−1.06)	−0.044 (−1.23)
R&D (滞后2年)						−0.145 (−1.01)
常数项	0.019 *** (13.30)	0.013 *** (9.70)	0.013 *** (7.46)	0.022 *** (6.74)	0.009 ** (2.56)	0.009 ** (2.48)
R^2	0.442	0.439	0.458	0.500	0.533	0.539

列(4)、列(5)和列(6)是三个组合同期、加入滞后一期和加入滞后两期的回归结果,可见同期的估计系数显著为正,而滞后期的估计系数不显著,说明企业研发投入的城市效应和行业效应具有同期性,不存在滞后性。

进一步,将影响企业研发投入的两大要素(现金流 cf 和成长机会 q)考虑其中,对模型(5.7)进行回归,具体结果见表5.5。列(1)是对本公司 cf 和 q 回归的结果,两者的估计系数显著为正,符合现金流和托宾 Q 是决定企业投资两大重要因素的理论[138]。列(2)和列(3)分别加入了同城市不同行业和同行业不同城市的 cf 和 q,结果表明估计系数显著为正,分别为 0.010、0.004 和 0.036、0.005,这再次验证了城市效应的存在性。

表 5.5　模型(5.7)的回归结果

项目	(1) R&D	(2) R&D	(3) R&D	(4) R&D	(5) R&D
本公司					
cf（同期）	0.034 *** (8.42)	0.043 *** (8.71)	0.030 *** (7.56)	0.364 *** (21.89)	0.305 *** (16.69)
cf（滞后1年）					0.047 *** (3.73)
q（滞后1年）	0.001 ** (2.45)	−0.001 (−1.49)	0.002 *** (2.79)	0.001 *** (2.84)	0.002 ** (2.58)
q（滞后2年）					0.002 * (1.81)
同城市不同行业					
cf（同期）		0.010 ** (2.05)		0.022 ** (2.02)	0.044 ** (2.41)
cf（滞后1年）					0.033 ** (2.30)
q（滞后1年）		0.004 *** (4.18)		0.002 *** (4.54)	0.003 *** (3.57)
q（滞后2年）					0.002 ** (2.29)
不同城市同行业					
cf（同期）			0.036 ** (2.31)	0.086 *** (2.77)	0.046 (1.35)
cf（滞后1年）					0.085 * (1.94)

项目	(1) R&D	(2) R&D	(3) R&D	(4) R&D	(5) R&D
q （滞后1年）			0.005*** (4.19)	0.009*** (3.06)	0.001* (1.93)
q （滞后2年）					0.001 (0.38)
同城市同行业					
cf （同期）				−0.020 (−1.05)	−0.039* (−1.80)
cf （滞后1年）					−0.014 (−0.78)
q （滞后1年）				0.004*** (3.76)	0.006*** (2.89)
q （滞后2年）					0.003 (0.18)
常数项	0.014*** (9.06)	0.013*** (5.50)	0.010*** (4.17)	−0.028*** (−6.24)	−0.032*** (−6.79)
观测值	2 547	1 926	2 321	1 775	1 703
R^2	0.318	0.447	0.426	0.460	0.484

列（4）和列（5）报告了三个组合同期及滞后期的回归结果，结果显示都存在显著的正相关性。这说明在现金流 cf 和成长机会 q 影响企业研发投入的理论框架下，企业研发投入的城市效应依然存在。此外，列（5）显示在同城市不同行业组合中滞后1年 q 的估计系数为 0.003，而本公司则为 0.002，该组合成长机会 q 的影响比公司自身的还要显著，而现金流 cf 并未呈现此特征。进一步说明相对于现金流对企业研发投入城市效应的影响，成长机会的影响更加显著。因此，公司的研发投入会受到邻近公司成长机会的影响，这与公司之间广泛的信息交流有关。

通过以上对不同组合研发投入及现金流和托宾 Q 进行回归分析后得出，企业的研发投入的确存在城市效应，而且这种效应不具有滞后性，同一城市不同企业之间的研发成长机会相互影响。那么，这种城市效应到底通过何种渠道影响企业研发投入呢？

3. 企业研发投入城市效应的影响渠道分析

已有研究表明，城市的交通条件、天气状况、基础设施等外生渠道和企业员工交流等内生渠道一起可引起城市效应。考虑到本书的样本主要来自上市公司,那么外部股票市场冲击、抵押贷款和企业家的内生交互是否也会引起企业研发投入的城市效应呢？本书将进一步验证。

1) 外部股票市场冲击敏感度检验

随着时间变化的外部冲击会导致同一地区的企业投资活动存在相关性[208],如洪涝灾害、地震等突发的大灾难,这会对一个城市造成严重的破坏,同时也会减少当地企业进行投资的机会。本部分将验证外部股票市场的冲击是否会引起研发投入的城市效应。如果企业研发投入对股票市场的敏感度和对城市的敏感度保持一致,那就验证了股票市场冲击影响渠道。

企业研发投入的城市敏感度通过模型(5.8)来测算:

$$RD_{j,t}^{i,a} = \alpha + \beta_1 RD_{p,t}^{i,-a} + \beta_2 RD_{p,t}^{-i,a} + \beta_3 RD_{p,-j,t}^{i,a} + \beta_4 Controls_t^{i,a} + \varepsilon_{j,t}^{i,a} \quad (5.8)$$

模型(5.8)考虑了三个组合同期的研发投入情况,重点关注系数 β_2 的情况,笔者分别对 30 个城市逐一回归,测算出 30 个城市的 β_2 值来度量其城市敏感度,见图 5.2 横坐标。

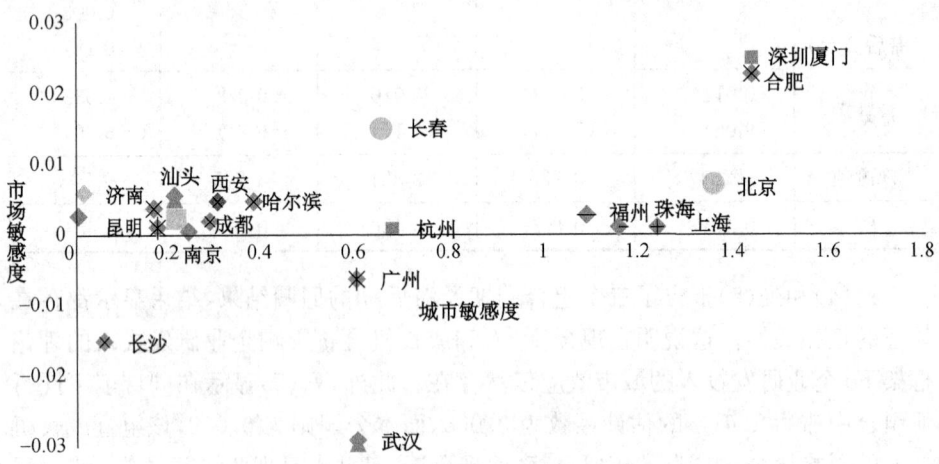

图 5.2　我国主要城市的城市敏感度和市场敏感度对比

企业研发投入的外部股票市场敏感度通过模型(5.9)来测算:

$$RD_{j,t}^{i,a} = \alpha + \alpha_1 Stockreturn_{a,t} + \alpha_2 Controls_t^{i,a} + \varepsilon_{j,t}^{i,a} \quad (5.9)$$

其中,$Stockreturn_{a,t}$ 表示位于城市 a 的企业股票回报率,是经市场调整后的股票年回报率。控制变量 $Controls$ 包括公司及年的固定效应。模型(5.9)所测算的 30 个城市的 α_1 值为股票市场敏感度,见图 5.2 纵坐标。

如图 5.2 所示,大多市的城市敏感度在 0.2 到 1.5 之间,而股票市场敏感度却都小于 0.03,其中,深圳、厦门和合肥的市场敏感度最高。这是因为,这些城市都为较年轻的城市①,年轻的城市对外部市场的信息反应更灵敏,从而会灵活地调整投资机会[175]。图 5.2 说明企业研发投入的城市敏感度和市场敏感度并不对称,北京、上海和深圳的差异更明显。因此,这就将外部股市冲击这一外生渠道排除在外。

2）抵押贷款渠道检验

类似房屋等不动产价格的波动也是外部冲击的一种[181],特别对于我国来说,东、西、中部地区房价的巨大差异就导致了劳动力的流动及产业的转移[138],因而也会影响到企业投资。例如,公司为了获得债务融资,会将拥有的土地进行抵押,而由于土地价格的波动,就会同时影响到进行债务融资的企业,从而制约其投资决策[189]。笔者将通过实证检验同一城市企业的债务融资之间是否也存在一些关联,提出以下模型:

$$Debt_{j,t}^{i,a} = \alpha + \sum_{k=0}^{2}\beta_{1,k}Debt_{p,t-k}^{i,-a} + \sum_{k=0}^{2}\beta_{2,k}Debt_{p,t-k}^{-i,a} + \sum_{k=0}^{2}\beta_{3,k}Debt_{p,-j,t-k}^{i,a}$$
$$+ \beta_4 Controls_t^{i,a} + \varepsilon_{j,t}^{i,a} \tag{5.10}$$

模型(5.10)是将模型(5.6)中的 RD 变量变成了 $Debt$ 变量,其他定义一致,我们同样重点关注 β_2 的情况,进而分析同城市企业的债务融资之间是否存在关联性,结果如表(5.6)所示。由表 5.6 可知,除了同行业不同城市组合前一期的债务融资与企业债务融资存在正相关关系之外,其他组合不存在显著的相关关系。所以,同行业的企业债务融资之间存在一定的相关性,但同城市企业债务融资之间不存在显著的相关性。因此,债务融资可以引起研发投入的行业效应但并不能引起其城市效应。

表 5.6　债务融资渠道的验证

项目	(1) Debt	(2) Debt	(3) Debt	(4) Debt
同城市不同行业				
Debt(同期)	0.007 (0.22)		0.006 (0.32)	−0.003 (−0.18)
Debt(滞后1年)				−0.013 (−0.07)
不同地区同行业				
Debt(同期)		−0.226*** (−4.60)	−0.004 (−0.49)	−0.044 (−0.64)

① QQ 大数据公布的《2016 全国城市年轻指数》显示,深圳市和合肥市属于我国年轻城市前 20 名,其中深圳市为最年轻城市。

项目	(1) Debt	(2) Debt	(3) Debt	(4) Debt
Debt（滞后1年）				0.120* (1.751)
同地区同行业				
Debt（同期）			−0.036 (−0.88)	−0.029 (−0.72)
Debt（滞后1年）				−0.049 (−0.86)
常数项	0.017*** (4.91)	0.023*** (6.08)	0.008*** (2.80)	0.008** (2.42)
公司	控制	控制	控制	控制
年	控制	控制	控制	控制
观测值	2 091	2 506	852	830
R^2	0.132	0.133	0.158	0.165

3）内生交互渠道的验证

类似于 Dougal 等（2015）[175]，本书通过城市主导行业对全部行业的带动作用来验证内生交互渠道。尤其关注的是城市主导行业的研发投入是否对去主导行业后的其他行业有所影响。例如，长春市的主导行业为制造业，其制造业企业的研发投入会对信息技术企业有带动作用吗？此外，通过分析市场上整体行业的企业研发投入对各城市企业研发投入的影响，来进一步验证。由于缺少各城市各行业生产总值贡献率的数据，本部分将各城市从业人员数量占比最高的行业视为该城市的主导行业，例如，深圳市的主导行业为制造业；海口市的主导行业为农林牧渔业；拉萨市的主导行业为批发零售业等①。而由于本书的研究样本是来自信息技术业和制造业的企业，因此这部分将关注主导行业是制造业和信息技术业的那些城市。

表 5.7 报告了各城市主导行业的企业研发投入对城市全部企业以及对去主导行业后的企业研发投入的影响，可见主导行业对各城市全部企业的研发投入都存在显著的正相关关系，其中，上海市和珠海市的影响更为明显，系数分别为1.097 和 0.904。当去掉主导行业的企业样本后，主导行业对企业研发投入的影响在大部分城市也十分明显，厦门市和武汉市除外。

表 5.8 报告了市场上整体行业的企业研发投入对各城市企业研发投入的影

① 资料来自《2015 中国城市统计年鉴》。

表 5.7 各城市主导行业对企业研发投入的影响分析

各城市主导 行业主导 R&D投入	各城市全部行业企业的 R&D 投入									
各城市主导R&D投入	深圳	厦门	北京	上海	武汉	南京	长春	长沙	珠海	重庆
深圳(制造业)	0.019** (2.83)									
厦门(制造业)		0.282* (1.85)								
北京(制造业)			0.616*** (4.07)							
上海(制造业)				1.079*** (3.78)						
武汉(制造业)					0.026** (1.98)					
南京(制造业)						0.742*** (4.09)				
长春(制造业)							0.793*** (4.79)			
长沙(制造业)								0.590*** (5.40)		
珠海(制造业)									0.904*** (4.92)	
重庆(制造业)										0.336*** (3.16)

（续表）

各城市全部行业企业的 R&D 投入

各城市主导行业 R&D 投入	深圳	厦门	北京	上海	武汉	南京	长春	长沙	珠海	重庆
常数项	0.053*** (8.29)	0.051*** (4.29)	0.013*** (5.94)	0.014*** (9.57)	0.018*** (4.48)	0.006*** (4.35)	0.016*** (4.76)	0.002*** (6.04)	0.013*** (7.75)	0.013*** (11.31)
R^2	0.470	0.727	0.598	0.628	0.418	0.658	0.533	0.628	0.616	0.527

各城市去主导行业后企业的 R&D 投入

各城市主导行业 R&D 投入	深圳	厦门	北京	上海	武汉	南京	长春	长沙	珠海	重庆
深圳（制造业）	0.198* (2.18)									
厦门（制造业）		1.018 (1.56)								
北京（制造业）			1.082*** (5.85)							
上海（制造业）				2.833*** (3.49)						
武汉（制造业）					0.201 (0.62)					
南京（制造业）						3.284* (1.91)				
长春（制造业）							4.310*** (3.16)			

（续表）

各城市主导行业 R&D 投入	各城市全部行业企业的 R&D 投入									
	深圳	厦门	北京	上海	武汉	南京	长春	长沙	珠海	重庆
长沙（制造业）								3.680*** (3.30)		
珠海（制造业）									2.513** (2.47)	
重庆（制造业）										1.451** (2.17)
常数项	0.063*** (4.25)	0.091*** (6.27)	−0.006*** (−11.40)	0.017 (1.43)	0.005** (1.99)	0.229** (2.08)	0.006** (1.98)	0.096*** (3.40)	0.043** (−1.82)	−0.013*
R^2	0.345	0.213	0.798	0.576	0.405	0.489	0.714	0.547	0.670	0.743

表 5.8 市场不同行业研发投入对各城市研发投入的影响

市场不同行业 R&D 投入	各城市全部行业企业的研发投入									
	深圳	厦门	北京	上海	武汉	南京	长春	长沙	珠海	重庆
制造业企业 R&D 投入	0.453** (2.81)	1.605* (1.85)	2.302*** (5.82)	2.020*** (3.02)	2.112*** (3.71)	4.047*** (2.33)	3.549*** (4.23)	1.392** (2.00)	3.846*** (4.25)	4.479** (2.30)
常数项	0.045*** (14.88)	−0.549** (2.39)	0.080*** (21.53)	0.069*** (5.43)	−0.023** (−2.08)	−0.058 (−1.78)	−0.712*** (−4.04)	0.010** (2.05)	0.660*** (4.35)	0.094** (2.55)
R^2	0.467	0.404	0.940	0.503	0.605	0.576	0.665	0.448	0.667	0.707

（续表）

各城市全部行业企业的研发投入

市场不同行业R&D投入	深圳	厦门	北京	上海	武汉	南京	长春	长沙	珠海	重庆
信息技术业企业R&D投入	−0.329 (−0.55)	3.956 (0.69)	0.821** (2.74)	0.776 (1.08)	0.983 (0.99)	3.124 (1.26)	3.081 (1.34)	2.320 (0.82)	1.163 (0.02)	3.593 (1.38)
常数项	0.056*** (3.33)	0.203*** (2.62)	0.031*** (16.26)	0.026*** (9.91)	0.024*** (11.51)	0.038*** (13.96)	0.177*** (11.36)	0.031*** (6.02)	0.111*** (7.88)	−0.013*** (−5.54)
R^2	0.737	0.446	0.454	0.483	0.499	0.654	0.706	0.469	0.600	0.707

响,表的上半部分是全部制造业企业研发投入对各城市企业研发投入的影响,结果显示,对所有城市都存在显著的正相关关系,其中影响最明显的为珠海市和长春市,系数分别为 3.846 和 3.549。由于这些城市的主导行业全部为制造业,因而整个市场上制造业行业的波动对各城市主导行业必定产生一定的影响,同时主导行业又会影响到全部企业的研发投入,因此再次证明了内生交互渠道的重要性。而表 5.8 的下半部分报告了市场上信息技术行业的企业研发投入对各城市所有企业研发投入的影响,结果显示,并不存在明显的相关性,北京市除外。由于这些城市的主导行业并不是信息技术业,因此,市场上信息技术业企业研发投入的波动并不会影响到这些城市企业的研发投入。综上分析得出,城市效应的确是由于内生交互渠道引起的,这就回答了本书第二个问题。

4) 企业家活力渠道的检验

企业家之间的内生交互渠道是本书重点关注的。由于类似地方慈善机构、民间组织等社会组织机构是企业高管间交流的最好平台[191],因此,本书通过手工搜索各城市是否有企业家协会、企业家联合会、企业家社团、企业家峰会、企业家交流会、企业家俱乐部,以及高新技术企业协会,来构建企业家活力指数,引入企业家活力(EV)变量。当该指数大于(含)中位值则为企业家活力高的城市,取值 1;否则为企业家活力低的城市,取值 0。

我们通过在模型(5.6)中引入 $R\&D \times EV$ 变量来验证企业家活力渠道,结果如表 5.9 所示。为了便于比较,列(1)和列(2)报告了未引入交叉变量前的回归结果,与表 5.4 列(4)和列(6)一致,说明企业的研发投入存在城市效应。列(3)是三个组合加入同期 $R\&D \times EV$ 变量的回归结果,可见交叉变量的估计系数均显著为正,这说明企业家活力会引起研发投入的城市效应及行业效应。特别加入交叉变量之后,表示城市效应的系数 β_2 比之前要大(0.514>0.269),这充分验证了企业家活力是城市效应的影响渠道,回答了本书第三个问题。

表 5.9　企业家活力渠道的验证

项目	(1) R&D	(2) R&D	(3) R&D	(4) R&D
同城市不同行业				
R&D (同期)	0.269*** (2.88)	0.228** (2.03)	0.514*** (3.05)	2.217*** (3.44)
R&D (滞后一年)		0.080 (0.73)		1.808*** (3.06)
R&D (滞后两年)		0.280 (1.50)		−0.115 (−0.22)

CEO过度自信与企业创新投入决策研究

98

项目	(1) R&D	(2) R&D	(3) R&D	(4) R&D
R&D(同期)×EV R&D(同期)×EV			0.911*	2.418***
			(1.84)	(3.68)
R&D(滞后一年)×EV R&D(滞后一年)×EV				1.567***
				(2.63)
R&D(滞后两年)×EV R&D(滞后两年)×EV				0.673***
				(2.99)
不同城市同行业				
R&D (同期)	−0.019	0.677***	1.237***	0.399
	(−0.44)	(4.90)	(4.34)	(1.04)
R&D (滞后一年)		0.095		2.349***
		(0.62)		(6.66)
R&D (滞后两年)		−0.023		−0.011
		(−0.10)		(−0.07)
R&D(同期)×EV R&D(同期)×EV			1.237***	0.129
			(4.34)	(0.34)
R&D(滞后一年)×EV R&D(滞后一年)×EV				2.053***
				(5.41)
R&D(滞后两年)×EV R&D(滞后两年)×EV				−0.337
				(−1.07)
同城市同行业				
R&D (同期)	0.260**	0.065**	0.233***	0.330***
	(2.44)	(2.36)	(3.30)	(4.27)
R&D (滞后一年)		−0.044		0.151**
		(−1.23)		(2.34)
R&D (滞后两年)		−0.145		−0.111
		(−1.01)		(−0.87)
R&D(同期)×EV R&D(同期)×EV			0.194**	0.271***
			(2.04)	(2.71)
R&D(滞后一年)×EV R&D(滞后一年)×EV				0.133*
				(1.76)

项目	(1) R&D	(2) R&D	(3) R&D	(4) R&D
R&D(滞后两年)×EV R&D(滞后两年)×EV				0.172** (2.01)
EV EV			0.011 (1.35)	0.014* (1.70)
常数项 常数项	0.022*** (6.74)	0.009** (0.08)	0.001 (−1.73)	−0.015* (−1.73)
观测值	1 852	1 852	852	852
R^2	0.500	0.539	0.151	0.224

进一步,列(4)是三个组合加入滞后期 $R\&D×EV$ 变量的回归结果,可见在同城市不同行业组合,同期及滞后期的交叉变量均显著为正,其中,同期 $R\&D×EV$ 的估计系数最大为 2.418,说明企业家活力在同期的影响更明显。同时,在引入交叉变量之前该组合滞后一年的 R&D 估计系数不显著,如列(2)所示,但引入滞后期交叉变量后,该估计系数显著为正,为 1.808,这说明企业家活力影响渠道可能会引起研发投入城市效应的滞后性。

5) 研究扩展及稳健性检验

以上分析得出,企业研发投入具有明显的城市效应,且企业家活力是其主要的影响渠道。那么,在不同类型的城市或不同类别的企业,城市效应是否依然存在? 本部分进行了扩展性研究及稳健性检验。

(1) 不同类型城市的企业研发投入,其城市效应也不同吗? 本书将城市划分为高成长型和低成长型两种类型。其中,以人口增长率和在岗职工工资增长率[1]来衡量城市的成长性。人口增长率(工资增长率)高于样本中位值则为高成长型城市,否则为低成长型城市。以分组后的样本对模型(5.6)回归,结果如表5.10所示,四个组合都呈现出明显的城市效应和行业效应,人口增长率低组除外。同时,工资增长率高组和人口增长率高组的 β_1 和 β_2 的系数都较大,说明高成长型城市的城市效应和行业效应都更明显些。

此外,笔者按城市所处位置及发达程度分为了东、西和中部城市,以及一线、二线、三线城市[2],相应的实证结果如表5.11所示。由表5.11可知,相对西部和中部

---

[1]　数据主要来自《中国城市统计年鉴》。

[2]　根据城市所处的位置划分,东部地区城市包括:北京、天津、沈阳、上海、南京、杭州、福州、厦门、海口、济南、汕头;西部地区城市包括:重庆、成都、西安、拉萨、乌鲁木齐、昆明、兰州、西宁、贵阳;中部地区城市包括:太原、长春、哈尔滨、南昌、合肥、长沙。根据城市发展等级划分,一线城市包括北京、上海、广州、深圳、天津;二线城市包括杭州、南京、济南、重庆、青岛、大连、厦门、成都、武汉、沈阳、西安、长春、长沙、福州、太原、合肥、南昌、昆明;三线城市包括乌鲁木齐、贵阳、兰州、西宁。此外,由于三线城市企业的研发投入数据量不足,因此,未对三线城市的企业研发投入情况做实证分析。

城市,东部地区城市的城市效应更明显;相对二线城市,一线城市的城市效应更明显。

表 5.10 企业研发投入的城市效应分析——高成长型与低成长型城市对比

项目	工资增长高组 R&D	工资增长低组 R&D	人口增长高组 R&D	人口增长低组 R&D
同城市不同行业				
R&D（同期）	0.251** (1.98)	0.060* (1.85)	0.375** (2.94)	0.041 (0.40)
不同城市同行业				
R&D（同期）	0.937*** (5.83)	0.624*** (8.89)	0.698*** (5.18)	0.308**) (2.59)
同城市同行业				
R&D（同期）	−0.081 (−1.03)	−0.011 (−0.17)	−0.081 (−1.17)	−0.105 (−0.20)
常数项	0.009*** (4.32)	0.002*** (3.68)	0.011** (2.16)	0.013*** (3.38)
观测值	483	153	484	262
R^2	0.368	0.124	0.122	0.502

表 5.11 企业研发投入的城市效应分析——不同类别城市对比

项目	东部城市 R&D	中部城市 R&D	西部城市 R&D	一线城市 R&D	二线城市 R&D
同城市不同行业					
R&D（同期）	0.841*** (3.29)	0.603** (2.24)	0.060* (1.85)	0.366*** (2.78)	0.198* (1.60)
不同城市同行业					
R&D（同期）	0.238* (1.88)	1.138*** (3.54)	0.624*** (8.89)	0.589*** (4.05)	0.163** (1.98)
同城市同行业					
R&D（同期）	0.024** (2.36)	0.315*** (3.11)	−0.011 (−0.17)	0.016* (0.21)	−0.049 (−0.92)
常数项	0.022*** (4.32)	−0.007*** (3.58)	0.002*** (3.68)	0.010** (2.04)	0.020*** (4.23)
观测值	372	116	74	138	216
R^2	0.560	0.451	0.732	0.117	0.495

从上述研究可知,高成长型城市、东部及一线城市其研发投入表现出显著的城市效应。这是因为,这些城市不仅在地理位置、资源条件、交通便利、气候条件及政策支持等外部因素上有很大优势,而且其现代开放的文化氛围更有助于企业家之间相互学习和交流。例如,珠三角特有的"开放、包容、敢为天下先"的文化特色为企业家之间的交流提供了良好的文化环境,有利于通过企业家活力渠道影响当地企业的研发投入。

(2) 不同类型企业的研发投入,其城市效应也不同吗? 本部分将企业划分不同类别,将企业按规模分为大企业和小企业;按最终控制人性质分为国有企业和非国有企业;按上市时间分为年轻企业和成熟企业;按研发强度分为研发强度大企业和研发强度小企业,对模型(5.6)回归,结果如表 5.12 所示。综合来看,不同类型企业的研发投入其城市效应存在差异。年轻的、小规模的、非国有及研发强度大的企业研发投入的城市效应更明显。这是因为,这些企业的研发投资需求较大,且对外界的信息反应较灵敏,所以位于一个具有良好环境氛围的城市,对其至关重要。

(3) 稳健性检验。考虑到各城市的企业样本量不足可能会影响实证结果,为了让本书结论更具说服力,笔者选出企业数多于 10 家的城市作为研究对象,主要包括了深圳、广州、北京、上海、武汉等大型城市,重新对模型(5.6)和模型(5.7)进行回归,实证结果与前文一致,从统计意义上通过了本研究的稳健性检验(由于篇幅限制,具体回归结果并未列示)。

5.2.4　结论与启示

1. 结论与思考

通过对我国 30 个城市的信息技术业和制造业企业的研发投入城市效应进行实证分析,得出如下结论:①企业的研发投入存在显著的城市效应,同时,也具有明显的行业效应,且两者均不存在滞后性。这说明邻近企业的投资机会会影响到本企业的研发投资。由此,所在城市的创新力对于提高企业的创新投入水平尤其重要,这就要求国家积极倡导和给予政策扶持以通过提升城市的创新水平进而推动企业创新。②外部股票市场冲击不是城市效应的影响渠道,而内生交互是其影响渠道,且企业家活力是主要的内生交互渠道。这说明不同城市的企业研发投入存在差异的原因与各城市企业家之间的内生交互作用有关,企业家特征对企业研发投入至关重要。因此,搭建企业家互动平台,加强企业家之间的交流尤其重要,特别在当今"互联网+"的背景下,应当有效利用网络技术和平台来加速企业家之间的信息流通,进而促进企业的研发投入。③研发投入的城市效应在不同类型的企业和不同类别的城市存在差异。从扩展性研究得出,位于工资增长率和人口增长率较高的高成长型城市,以及东部城市、一线城市的企业,其研发投入的城市效应较突出。年轻企业、小企业、非国有企业及研发强度

101

表 5.12 企业研发投入的城市效应分析——不同类型企业对比

	大公司 R&D	小公司 R&D	成熟公司 R&D	年轻公司 R&D	国企 R&D	非国企 R&D	研发强度大 R&D	研发强度小 R&D
同城市不同行业								
R&D（同期）	0.151** (2.34)	0.329** (2.12)	0.349** (2.35)	0.440*** (2.81)	0.050 (0.34)	0.298** (2.03)	2.313** (2.05)	0.008 (0.58)
R&D（滞后一年）	0.178* (1.82)	0.024** (2.05)	0.118 (0.79)	0.053* (1.84)	0.158 (1.11)	0.017 (0.11)	4.515*** (3.67)	0.020 (1.201)
R&D（滞后两年）	0.437 (1.57)	0.234 (0.89)	−0.224 (−0.94)	0.428* (1.66)	−0.010 (−0.04)	0.511* (1.88)	0.390 (0.22)	−0.017 (−0.59)
不同城市同行业								
R&D（同期）	0.869*** (3.86)	0.539*** (2.99)	0.391* (1.71)	0.660*** (3.64)	0.526*** (2.61)	0.620*** (3.32)	5.445* (1.78)	0.030** (2.00)
R&D（滞后一年）	0.012 (0.05)	0.144 (0.73)	0.128 (0.57)	0.098 (0.49)	0.211 (0.94)	0.078 (0.38)	2.467 (0.57)	−0.026 (−1.09)
R&D（滞后两年）	0.012 (0.03)	−0.048 (−0.05)	−0.208 (−0.63)	−0.174 (−0.52)	0.017 (0.06)	−0.028 (−0.08)	−0.305 (−0.76)	0.068* (1.71)
同城市同行业								
R&D（滞后一年）	0.192* (1.81)	−0.032 (−0.81)	−0.046 (−0.61)	−0.044 (−1.04)	0.310*** (2.89)	−0.036 (−0.89)	3.758** (2.64)	−0.002 (−0.37)
R&D（滞后两年）	0.012 (0.03)	−0.136 (−1.53)	−0.012 (−0.13)	−0.196** (−2.61)	−0.246 (−1.64)	−0.183* (−1.86)	1.024 (0.74)	0.003 (0.23)
常数项	0.003*** (3.55)	0.015*** (2.79)	0.013*** (7.46)	0.013** (2.51)	0.009** (2.18)	0.016*** (2.94)	0.106** (2.91)	0.002*** (3.57)
R^2	0.171	0.116	0.147	0.144	0.374	0.131	0.279	0.355

大的企业研发投入的城市效应也更明显。这说明东、西部地区企业的研发投入存在差异及年轻企业、小企业企业研发投入不足等现象，这背后的原因与企业所处城市的发展水平不高有关。因此，要想真正缩小企业创新的区域差异，先缩小所在城市的发展水平差异也是条可行的途径。

2. 启示和政策建议

本部分从城市发展角度探讨了影响企业研发投入的重要因素，通过系统分析我国 30 个主要城市企业研发投入的相关性，得出企业研发投入存在明显的城市效应，且企业家活力是主要的影响渠道，企业家特征对企业创新投入至关重要。这无论对企业还是政府都有一定的现实启发。

一方面，对企业而言，要提升研发创新水平，研发基地或技术中心的选址至关重要。企业所在城市的政策环境、要素环境和文化环境对其长远发展十分重要。对企业高管来说，应该积极地拓展其网络联系，加强区域内企业家之间的交流和合作，通过信息的扩展和知识的互补，有效捕捉投资机会并适时作出研发投资决策，提高创新水平。

另一方面，对政府而言，要通过提升城市发展水平从而带动企业的创新发展。不断完善城市基础设施的建设，营造良好的环境；实施积极的就业政策，吸引人才；提高居民的工资水平，提升幸福指数。同时，加大对创新型城市的建设力度，形成一批带动力强的创新型城市和科技中心，充分发挥东部地区较发达城市科技创新的辐射带动作用，重点放在科技成果的转化上，尤其加强原创性创新成果的转化，努力抢占科技制高点；特别对于中、西部欠发达的二、三线城市，给予政策上的倾斜。最后，应当营造良好氛围，有效激发企业家协会等民间组织的作用，支持沙龙、论坛、高层峰会等活动的举办，真正为企业提供信息共享的平台，进而提升企业的研发创新水平。

5.3　CEO过度自信对企业创新投入影响的实证分析

以上的实证分析部分已经证实企业家特征对企业创新投入的重要性，为了进一步验证 5.1 节中模型分析所得的结果，本部分将进一步通过实证分析检验CEO过度自信对企业创新投入的影响①。

由于企业创新投入是一项富有挑战性和冒险性的活动[131][132]，同时，周期较长、风险较大，有可能一项研发活动需要经历很长时间才能产出新产品，生产出的新产品有可能最终会因为不被市场认可而宣告失败。因此，制定企业创新投入决策更加需要一些敢于冒险、敢于承担的管理者，而过度自信的管理者身上就拥有这些特质。心理学家认为过度自信是指人们倾向于高估自己成功的概率，

---

① 本部分研究成果已经发表于《上海财经大学学报》，2017 年第 1 期。

而低估失败的概率的心理偏差[192],心理学很多文献都认为管理者普遍存在着过度自信的心理倾向,这种心理偏差会导致他们敢于大刀阔斧地进行创新。已有研究也证实,过度自信的管理者大多通过承担风险或者开展研发创造性活动来提升其价值[24][25],然而,来自我国上市企业的证据并不多见。这一节本书将从微观层面出发来验证 CEO 过度自信对企业创新投入的影响。此外,类似于前面章节,我们还将关注企业异质性,尤其关注不同融资约束程度的调节作用。

5.3.1 研究假设的提出

1. CEO 过度自信与企业创新投入

企业创新投入主要包括研发费用的投入和研发人员的投入,本书这里主要关注研发费用的投入。相对固定资产投资而言,企业的研发投资具有长期性、不确定性和高风险性等特点。一项完整的创新活动要经历从产品概念起源到产品原型的开发和实验,再到投入市场营销,到得到市场认可的漫长过程,整个过程中任何一个环节的失败都会导致整个创新活动的失败,同时,其创新产出还具有不确定性和不及时性等特征,由此可见,创新投入是一项高风险性和高挑战性的投资项目[131][132]。因此,作为一种特殊的投资方式,企业的创新投入更加需要决策者做出及时、合理和客观的决策。然而,相对理性的 CEO,过度自信的 CEO更加适合制定企业创新决策。这是因为过度自信本身就是指人们倾向于高估自己成功的概率,而低估失败的概率的心理偏差[192],这样过度自信的个体往往习惯于高估一些不确定项目的净收益,一方面他们会倾向于期望有好的结果,另一方面他们充分相信自己的能力并认为一定可以取得成功[24],这就促使他们愿意承担一些高风险、高挑战性的项目。因此,过度自信的 CEO 会大量增加创新投入。已有文献也表明,CEO 过度自信会导致其往往低估风险、高估自己的能力,总认为自己能够很好地胜任一些有难度的任务[193],而且会非常热衷于这类项目的投资,同时不惧怕项目失败的风险[194]。根据以上分析,本书提出假设 H1:

H1:CEO 过度自信有利于促进企业创新投入。

2. 企业异质性分析

不同企业在行业特性、股权结构及公司治理约束机制上存在差异,从而也会导致管理者的个人特征对企业创新决策的影响存在差异。例如,相对研发强度小的企业,研发强度大的企业可能会进行更多的研发投入,拥有更多的研发机会,这就需要决策者经常性地作出创新投资决策,进而决策者个人特征的影响会更加明显;相对公司治理约束机制弱的公司,约束机制强的公司由于有很好的监督和治理机制,这在一定程度上就会制约管理者的行为,导致他们的决策权受到限制,因此对企业创新投入的影响也不会太明显;相对受融资约束的年轻企业、小企业和非国有企业,不受融资约束的成熟企业、大企业和国有企业一方面在资金来源上比较宽裕,另一方面这些企业的管理者权威性较强,特别国有企业的管理者身上带有浓浓的官员色彩,其所受制约更小,因此他们的话语权和决策权更大,这样其认知偏差对其决策的影响会更明显。根据以上分析,本书提出假设 H2 至假设 H4:

H2:相对研发强度小的企业,研发强度大的企业 CEO 过度自信对企业创新投入的影响更加明显。

H3:相对公司治理约束机制强的企业,公司治理约束机制弱的企业 CEO 过度自信对企业创新投入的影响更加明显。

H4:相对易受融资约束企业,不易受融资约束企业的 CEO 过度自信对企业创新投入的影响更加明显。

5.3.2　样本选择、数据来源及模型设计

1. 样本及数据
本部分样本及数据来源与 4.2.1.2 描述一致,这里不再详细介绍。

2. 关键变量
(1) CEO 过度自信变量依据本书第 3 章的测算方法进行度量。

(2) 其他控制变量。考虑到企业的创新投入还受到企业的投资机会、盈利能力、企业规模等因素的影响,笔者加入了一系列的控制变量,参考 David 等 (2012)[24] 的研究,控制变量主要包括:内部现金流、资产收益率、净销售收入、销售收入增长率、资产密集度、托宾 Q 值和资产负债率。同时,考虑到 CEO 在作创新投入决策时也受到年龄和任职时间的影响,因此本书也控制了任职时间和年龄。具体变量定义如表 5.13 所示。

表 5.13　研究变量的定义

项目	变量名	变量含义	变量定义
因变量	RD	研发投入	研发费用/年初总资产
自变量	OC	CEO 过度自信	表示 CEO 过度自信变量,当 CEO 晋升频率指数位于前三分之一则取 1,否则取 0
控制变量	CF	内部现金流	经营性现金流量净额
	Sales	净销售收入	营业净利润
	Sales growth	销售收入增长率	营业收入增长率
	ROA	资产收益率	净利润/资产总额
	Book leverage	资产负债率	长期债务与短期债务之和/资产总额
	PPE/Emp	资产密集度	固定资产净额/员工数
	Q	托宾 Q 值	市场价值/资产重置成本
	Tenure	任职时间	CEO 在其职位任职的时间
	Age	年龄	公司数据年份－CEO 出生年份

3. 研究模型的构建

为了验证 CEO 过度自信对企业创新投入的影响,在已有研究的基础上,控制了与企业创新投入相关的变量,同时考虑到研发投入存在滞后性,所有的解释变量都滞后了一期,参考 David 等(2012)[24] 的研究,提出如下模型:

$$RD_{i,t} = \alpha + \beta_0 OC_{i,t-1} + \beta_1 CF_{i,t-1} + \beta_2 \log sales_{i,t-1} + \beta_3 salesgrowth_{i,t-1}$$
$$+ \beta_4 ROA_{i,t-1} + \beta_5 Bookleverage_{i,t-1} + \beta_6 \log(PPE/EMP)_{i,t-1} + \beta_7 Q_{i,t-1}$$
$$+ \beta_8 \log(1+age)_{i,t-1} + \beta_9 \log(1+tenure)_{i,t-1} + d_t + \nu_i + \varepsilon_{i,t} \tag{5.11}$$

这里主要通过观察系数 β_0 的显著性来验证提出的假设。

5.3.3 实证分析

1. 描述性统计

表 5.14 分别对 CEO 过度自信和适度自信样本的变量作了描述性统计,由表可见,CEO 过度自信的企业研发投入强度均值为 0.029,要高于 CEO 适度自信的企业,这与本书的预测相符。此外,相对于 CEO 适度自信的企业,CEO 过度自信的企业 ROA、销售收入和资产密集度要明显高些,而资产负债率要相对低些,同时,CEO 任期时间也较长。这是因为,过度自信的 CEO 由于对自己公司的经营能力充分自信,因此敢于投入大量固定资产,导致资产密度偏高,而过度信赖于公司盈利能力导致并不愿意进行外部债务融资,导致负债率偏低。

表 5.14 描述性统计

变量和统计		CEO 适度自信	CEO 过度自信	Difference (p-value)
RD	Mean	0.019	0.029	0.009
	Variance	0.003	0.005	
CF	Mean	0.042	0.047	0.214
	Variance	0.010	0.006	
Sales	Mean	7.887	8.097	0.000
	Variance	0.429	0.308	
Sales growth	Mean	0.147	0.187	0.114
	Variance	0.178	0.116	
ROA	Mean	0.035	0.054	0.000
	Variance	0.010	0.004	
Book leverage	Mean	0.450	0.411	0.001
	Variance	0.054	0.039	

变量和统计		CEO 适度自信	CEO 过度自信	Difference (p-value)
PPE/Emp	Mean	5.358	5.549	0.000
	Variance	0.335	0.901	
Q	Mean	1.985	2.101	0.283
	Variance	4.317	3.423	
Age	Mean	1.170	1.663	0.145
	Variance	0.586	0.019	
Tenure	Mean	0.545	0.847	0.000
	Variance	0.162	0.026	

2. CEO 过度自信对企业创新投入的回归分析

表 5.15 报告了 CEO 过度自信对企业创新投入的回归结果，由表 5.15 可见，现金流（CF）、资产密度（PPE/Emp）、投资机会（Q）与创新投入都存在非常显著的正相关关系，这说明内部现金流是企业创新投入的主要融资渠道，增加投资机会和内部的固定资产密度有利于提升企业创新投入。而销售收入和资产负债率与创新投入存在着显著的负相关关系，这与 Brown 等（2009；2012）[131][132]的研究基本一致，这是因为企业的销售收入高导致企业更侧重于对已有产品的短期销售而忽略了产品的长期投资。负债本身并不适合企业创新融资[132][160]，而且可能与研发投入存在负相关关系，这是因为负债融资需要提供担保物，这对创新这种无形资产投资方式显然不适合。对于笔者重点关注的变量 OC，CEO 过度自信与企业创新投入在 1% 的显著水平下存在显著的正相关关系，系数为 0.003，这说明 CEO 过度自信可以平均增加 0.30% 的创新投入，这就验证了假设 H1。

表 5.15　CEO 过度自信对企业创新投入的回归结果

变量	(1)	(2)
OC	0.004** (2.13)	0.003*** (3.91)
CF	0.049*** (5.24)	0.048*** (5.17)
ROA	−0.012 (−0.32)	−0.010 (−0.28)
Sale growth	0.001 (0.24)	0.001* (1.82)

（续表）

变量	(1)	(2)
$Log\ PPE/Emp$	0.007* (1.94)	0.007** (1.96)
$Log\ sales$	0.001 (0.02)	−0.001*** (−3.03)
$Book\ leverage$	−0.003** (−2.30)	−0.003* (−1.83)
Q	0.001** (2.03)	0.001** (1.96)
$Log(1+age)$		−0.017 (−1.46)
$Log(1+tenure)$		0.009 (1.28)
$R\text{-}squared$	0.489	0.490
$observations$	1 953	1 953

3. 企业异质性检验结果

考虑到不同企业的股权结构、融资约束程度、行业特点和公司治理约束机制都存在差异，这会导致CEO过度自信对企业创新投入的影响存在差异，因此本书将企业分类。研发强度根据企业研发投入费用占总资产的比例度量，研发强度前1/3为研发强度大企业，后1/3为研发强度小企业；公司治理约束机制根据第一大股东持股比例度量，当第一大股东持股比例大于34%，则大股东处于相对控制地位[80]，那么该企业为约束机制强企业，否则为约束机制弱企业；融资约束程度根据Brown等（2009）[131]的划分方法，小企业、年轻企业和非国有企业为融资约束企业；大企业、成熟企业和国有企业为非融资约束企业。本书考察不同类别企业的不同影响，具体回归结果如表5.16所示。由表5.16可知，相对研发强度小的企业，研发强度大的企业的CEO过度自信对企业研发投入的影响较显著；相对公司治理约束机制强的企业，公司治理约束机制弱的企业的CEO过度自信对企业研发投入的影响较显著，这就验证了假设H2和假设H3。

由表5.17可知，相对于年轻企业和非国有企业这类易受到融资约束的企业，在成熟企业和国有企业这类不易受融资约束的企业中，CEO过度自信对企业研发投入的影响更显著。此外，相对大企业，在小企业中CEO过度自信对企业研发投入的影响更明显，这可能是一例外，由于在一些小企业中约束机制较弱，CEO的话语权和执行权相对较高所导致。但是，总体而言，在不易受融资约束的企业中，CEO过度自信对企业创新投入的影响更明显，因此验证了假设H4。

表 5.16 企业异质性检验——研发强度和约束机制

变量	研发强度小企业	研发强度大企业	Difference (p-value)	约束机制强企业	约束机制弱企业	Difference (p-value)
OC	0.001 (0.55)	0.021*** (3.09)	0.017	0.002** (2.41)	0.004** (2.60)	0.045
CF	0.183*** (−6.82)	−0.001 (−0.22)		0.033*** (2.57)	0.173*** (8.19)	
ROA	−0.007 (−0.07)	−0.011*** (−2.82)		0.037 (0.63)	−0.172** (−2.14)	
Sale growth	−0.002 (−0.19)	−0.001 (−0.70)		−0.001 (−0.05)	0.001 (0.27)	
Log PPE/Emp	0.011 (1.58)	−0.001 (−1.55)		0.008** (2.27)	0.001 (0.08)	
Log sales	0.007 (0.97)	0.001*** (3.29)		0.001 (0.28)	0.012** (2.10)	
BL	−0.010 (−0.53)	−0.002** (−2.16)		−0.007** (−2.63)	−0.063*** (−4.46)	
Q	0.003* (1.76)	0.001* (1.98)		0.002* (1.70)	0.003* (1.71)	
Log(1+age)	−0.008 (−0.90)	−0.001 (−0.27)		−0.001 (−0.06)	−0.009 (−0.40)	
Log(1+tenure)	0.001 (0.03)	−0.001 (−0.08)		−0.006 (−0.84)	−0.016 (−1.37)	
R-squared	0.176	0.012		0.040	0.161	
observations	449	1610		701	631	

表 5.17 企业异质性检验——融资约束程度

变量	大企业	小企业	Difference (p-value)	成熟企业	年轻企业	Difference (p-value)	国企	非国企	Difference (p-value)
OC	0.004* (1.85)	0.008* (1.94)	0.024	0.004** (2.08)	0.003 (0.82)	0.038	0.015*** (3.00)	0.001* (1.86)	0.055
cf	−0.002 (−0.07)	−0.031* (−1.76)		0.004 (0.31)	0.037* (1.72)		0.153*** (10.36)	0.042*** (3.38)	
roa	−0.028 (0.57)	0.014 (0.35)		0.034* (1.86)	0.056 (1.12)		−0.135** (−2.41)	−0.065 (−1.41)	
Salegrowth	−0.001 (−0.16)	0.001 (1.42)		0.001 (0.77)	−0.001 (−0.23)		0.006 (1.44)	0.001 (0.06)	
LogPPE/Emp	0.008** (2.55)	0.001 (0.34)		0.003* (1.75)	−0.001 (−0.40)		0.001 (0.01)	0.006* (2.04)	
Log sales	0.007 (2.15)	0.004 (1.10)		0.004** (2.42)	−0.005* (−1.73)		0.006 (1.44)	0.004 (1.40)	
BL	−0.007 (−0.70)	−0.031*** (−4.14)		0.002 (0.37)	0.001 (0.02)		−0.050*** (−4.79)	−0.018* (−1.88)	
Q	0.002 (1.40)	0.003*** (3.86)		0.001* (1.72)	0.002* (1.79)		0.003** (2.18)	0.001 (0.30)	
Log(1+age)	0.003 (0.20)	−0.009 (−0.62)		0.014 (1.59)	0.003 (0.39)		−0.001 (−0.041)	−0.012 (−0.90)	
Log(1+tenure)	−0.004 (−0.52)	−0.006 (−1.03)		−0.001 (−0.35)	−0.001 (−0.17)		−0.011 (−1.30)	−0.004 (−0.57)	
R-squared	0.021	0.097		0.071	0.109		0.159	0.024	

4. 基于 CEO 变更事件的 DID 模型分析

前面基于面板回归分析了 CEO 过度自信对企业创新投入的影响,然而这种静态分析很难将管理者的固定效应和企业的固定效应区分开,难以有效辨别企业创新投入的增加到底是由管理者的心理偏差造成的还是企业本身所造成,为了解决这种内生性问题,笔者根据 CEO 变更事件,考察同一家公司在由理性 CEO 变更为过度自信 CEO 之后公司创新投入的变化情况,因此笔者借鉴 DID 模型的思想,建立了基于 CEO 变更事件的模型:

$$RD_{i,t} = \alpha + \beta_1 OC_{i,t-1} + \beta_2 After_{i,t-1} + \beta_3 OC_{i,t-1} \times After_{i,t-1} + \beta_4 X_{i,t-1} + \varepsilon_{i,t-1}$$

$$(5.12)$$

其中,对于处理组来说,即企业 CEO 由适度自信变为过度自信,则 $OC_{i,t-1}$ 取 1;对于控制组来说,即企业 CEO 变更前后都为适度自信 CEO,则 $OC_{i,t-1}$ 取 0。 $After_{i,t-1}$ 表示企业的 CEO 在 t−1 年时发生变更,则取 1,否则取 0。 $X_{i,t-1}$ 表示模型(5.6)中所有的控制变量。模型(5.12)的交叉项系数 β_3 是笔者重点关注的,它表示相对适度自信 CEO,过度自信 CEO 对企业研发投入的净影响。另外,笔者选择 CEO 变更前后 3 年为研究窗口期,考虑到企业研发投入存在滞后性,CEO 变更后时间太短的话,CEO 的决策难以有效体现出来,变更后时间太长的话受到外界影响会更多。根据笔者所提出的假设,预计模型(5.12)中的 β_3 显著为正,结果如表 5.18 所示。 OC 与 $After$ 的交叉项在 1% 的显著性水平下显著为正,系数为 0.004,这说明企业的 CEO 由适度自信 CEO 变更为过度自信 CEO 会提升企业的研发投入。因此,这从动态角度再次验证了假设 H1。

表 5.18　CEO 过度自信对企业创新投入的 DID 分析结果

变量	模型(5.12)
$After * OC$	0.004*** (3.73)
$After$	−0.008*** (−3.26)
OC	0.008* (1.80)
CF	0.100*** (10.36)
ROA	−0.071** (−2.01)
$Sale\ growth$	0.001 (0.28)

（续表）

变量	模型(5.12)
$Log\ PPE/Emp$	0.061*** (2.66)
$Log\ sales$	0.002 (1.01)
$Book\ leverage$	−0.349*** (−4.97)
Q	0.002** (2.15)
$Log(1+age)$	0.010* (1.74)
$Log(1+tenure)$	−0.012* (−2.28)
$R\text{-}squared$	0.085
$observations$	2 022

5. 稳健性检验

1）变量的替换

类似于 4.2.2.3 的稳健性检验，这里同样通过 CEO 持股情况、CEO 年龄和任职时间、CEO 投资决策情况来重新度量 CEO 过度自信，重新对模型(5.11)进行回归，结果与前面一致，这就通过了稳健性检验（限于篇幅回归结果未列示）。

2）是否受距离退休时间的影响

考虑到距离退休的时间可能会影响到 CEO 作重大决策，尤其对创新决策而言更为明显。由于企业创新投入具有长期性和高风险性等特点，创新投入短期内并不能获得收益，鉴于存在重视短期效益的可能性，因此，距离退休时间的长短也会影响 CEO 做出合理的创新决策。如果过度自信的 CEO 不受退休时间的影响，即使在将近退休的阶段还是会加大创新投入，那么就进一步证明的确是 CEO 过度自信导致了企业创新投入的增加。为了解决这方面的质疑，本书在模型(5.11)的基础上控制了 CEO 距离退休的时间，即样本期内 CEO 所任职年份距离下一届 CEO 上任的时间。结果表明，控制了距离退休的时间之后，CEO 过度自信还是会促进企业创新投入，这进一步验证了假设。

3）是否两职合一

如果 CEO 在企业中拥有更多的决策权，那么 CEO 个人特征对企业创新决策的影响会更加显著，为了保证本书的结果更具说服力，我们将样本进一步分为 CEO 决策权大和 CEO 决策权小的样本。如果 CEO 同时兼任董事长为两职合一,则为决策权大样本,否则为决策权小样本。结果表明,在 CEO 决策权大的样本中,CEO 过度自信对企业创新投入的影响更明显,这再次验证了假设。

5.3.4 实证结果与讨论

本部分从微观层面出发,通过静态角度的面板回归和动态角度基于 CEO 变更事件的 DID 模型分析得出:CEO 过度自信有利于促进企业创新投入,并且这种影响在研发强度高的企业、公司治理约束机制弱的企业和非融资约束企业中更加明显。因此,企业在选聘高管过程中不仅要重视其学历、教育背景和能力等特征,更要进一步了解其个人性格品质,这才能更好地识别高管给企业未来发展所带来的风险及益处,从而发挥其最大优势促进企业创新。

5.4 本章小结

本章从企业创新投入决策行为角度出发,通过理论模型和实证分析检验了 CEO 过度自信对企业创新投入的影响。理论模型部分构建了一个包括融资约束在内的过度自信 CEO 职业生涯关注模型,分析了 CEO 过度自信对企业创新投入决策的影响及其在不同融资约束程度下的差异。实证分析分别从宏观层面和微观层面出发进行检验,宏观层面通过分析企业创新投入的城市效应及其影响渠道,验证了企业家特征对企业创新投入的重要性;微观层面具体分析了 CEO 的过度自信对企业创新投入的影响,且考察了不同融资约束程度的不同影响。

通过构建包括融资约束在内的过度自信 CEO 职业生涯关注模型后发现,在均衡状态下,相对理性的 CEO,过度自信的 CEO 会更倾向于企业创新投入。当引入企业的融资约束参数后发现,融资约束与两者之间关系呈负相关关系,融资约束程度越弱,过度自信 CEO 对企业创新投入的正向作用越强,这就为后面的实证分析提供了理论基础和假设前提。

通过宏观层面从城市效应角度分析企业家特征的重要性后发现,企业的创新投入存在明显的城市效应。同时,这种城市效应在不同类型的企业和城市存在差异。东部地区城市及一线城市的城市效应更明显。而年轻企业、小企业、非国有企业及研发强度大的企业研发投入的城市效应也更加显著。进一步分析其影响渠道后发现,外部股票市场冲击和债务融资不是其影响渠道,而内生交互渠道是其主要影响渠道,企业家活力是主要的内生交互渠道。这就从宏观层面验证了企业家特征对企业创新投入的重要性,因此进一步又从微观层面来验证 CEO 过度自信的作用。

通过微观层面分析过度自信 CEO 对企业创新投入决策的影响后发现,

CEO 过度自信会促进企业的创新投入。通过企业异质性检验发现,在研发强度大、公司治理约束机制弱的企业中,CEO 过度自信对企业创新投入的影响更明显。与理论模型一致,本书还发现,相对融资约束程度强的企业,在融资约束程度弱的企业中,CEO 过度自信对企业创新投入的促进作用更为明显。

本章通过理论模型和实证分析后一致得出,在决策行为方面,与理性的CEO 相比,过度自信的 CEO 更倾向于企业创新投入;且与易受融资约束的企业相比,在不易受融资约束的企业中,CEO 过度自信对企业创新投入的促进作用更为明显。同样,在本书第 4 章通过资金来源方面得出,在不易受融资约束的企业,CEO 过度自信并不会导致企业创新投资扭曲,而在易受融资约束的企业,CEO 过度自信会导致企业创新投资不足。因此,综合两部分的结论后得出,只有在不易受融资约束的企业,CEO 过度自信才会促进企业创新投入。

第6章 CEO过度自信对企业创新投入决策结果的影响

本书的第4章和第5章分别从资金来源和决策行为角度出发得出,CEO过度自信会促进企业创新投入,但是这种促进作用只有在不易受融资约束的企业才成立。那么从决策结果角度出发,CEO过度自信是否能够通过企业创新投入进而提升企业未来的表现呢? 且在不同融资约束程度的企业是否存在差异? 本章将分别从企业价值和市场反应两个层面来进行实证验证。

随着我国市场经济体制的逐渐完善,企业投资决策的最优目标应该从效益最大化、产出最大化转为企业价值最大化和股东利益最大化,这样企业才能够长远发展。因此,立足于企业创新投资决策,为了客观检验决策的合理性,本书更应该检验其对企业价值及市场收益的影响。然而,受企业研发投入数据的限制,国内已有文献大多从会计角度出发考察了企业创新投入对一些财务指标的影响,少有研究能深入考察其对企业价值和股票收益的影响。本章将验证企业创新投入对未来的企业价值及股票收益的影响,且进一步深入探讨在管理者非理性假设前提下,CEO过度自信对企业创新投入决策进而对企业价值及股票收益的影响。

6.1 CEO过度自信、企业创新投入与企业价值

自从Galasso等(2011)[25]首次开始关注CEO过度自信对企业创新的作用,学者们纷纷开始研究两者之间的关系,且基本得到一致的结论,管理者过度自信有利于促进企业的创新投入(David等,2012[24]; Lüdtke和Lüthje, 2012[26]; Herz等,2013[27]; Chang等,2015[28];孔东民,2015[29];于长宏,2015[30];易靖韬,2015[31])。然而,与其他投资方式不同,企业创新投入活动具有长期性,其结果具有高度不确定性。所以,企业创新投入最终是否会真正提升企业的价值? CEO过度自信是否能够通过促进企业创新投入从而实现企业价值? 这些问题已有文献涉及不多,因此有待深入探究。为了更加深入研究CEO过度自信与企业创新投入决策之间的关系,本部分将从企业价值层面出发,验证CEO过度自信是否通过促进企业创新投入从而提升企业价值。此外,与前面章节研究一致,本书将分析融资约束程度不同的企业其影响的差异。

6.1.1 研究假设的提出

6.1.1.1 企业创新投入与企业价值

如图 6.1 所示,保持持续的创新投入是企业提升竞争力的重要源泉,而企业创新投入的根本目的是提升企业的创新能力,从而研制出区别于竞争对手的产品,从而占据市场,最终实现企业价值最大化。所以,企业的研发创新活动是一项非常重要的价值增值活动。Myers(1977)[195]认为,企业价值主要由企业的现有资产和未来成长机会组成。企业的创新投入一方面可以为企业创造更多的成长机会,另一方面其高风险的特征,未来结果的不确定性有可能破坏企业价值。因此,有待进一步验证。

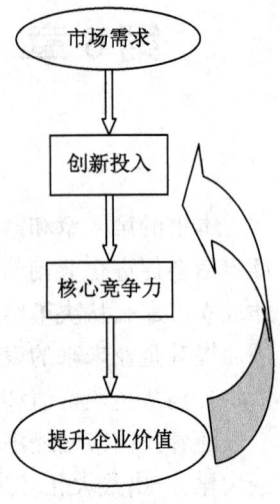

图 6.1 企业创新投入与企业价值关系图

关于企业创新投入与企业价值之间关系的研究,学术界并未形成统一的定论。促进论者认为,增加创新投入可以研制新产品,从而占领市场,在市场竞争中获取高额利润,改善企业未来的现金流,从而提升企业价值。例如,Griliches 等(1980)[196]首次将研发费用引入生产函数模型论证了企业研发投入对企业产出的贡献。随后,Griliches 等(1984)[197]又验证了企业研发投入与托宾 Q 之间的关系,发现企业的研发投入与企业价值之间存在正相关关系。Sougiannis(1994)[198]通过剩余收益模型得出,企业的研发投入可以提高部分剩余收益。随后他们又进一步得出,企业研发投入资本化的部分与企业价值之间存在密切关系。之后很多文献都一致支持了促进论。由于我国信息披露不够完善,研发数据缺失,因此国内的研究起步较晚。罗婷等(2009)[199]研究发现,企业研发投入与企业未来的利润之间存在显著的正相关关系。唐清泉等(2010)[142]同样发现,企业的研发投入与企业业绩和企业价值之间存在正相关关系。郝婷等(2016)[200]通过对医药制造业公司进行实证分析后发现,企业研发投入对企业价值存在正向作用,但存在一年的滞后期,同时,纯技术效率对两者之间关系具有正向调节作用。陈金勇等(2016)[201]通过对沪深上市企业研究得出,企业研发投入主要通过影响创新产出从而影响企业价值,且这种影响存在一到两年的滞后期。

然而,阻碍论者则认为,由于企业创新活动是一项高风险、高不确定性的活动,其最终成功的概率较低,甚至这种潜在的高风险有可能会超过收益,因而会破坏企业价值。例如,美国摩托罗拉公司在 20 世纪末由于研发项目的失败造成了约 50 亿美元的损失。很多学者的研究也表明,计算机行业的研发回报率很低,造成了企业价值的破坏(Rouse 和 Boff, 1998[202])。Shi(2003)[203]的研究表明,企业研发投入过程中会由于损坏了其他利益相关者的利益从而损坏企业价值。朱卫平等(2004)[204]以高新技术企业为样本,研究得出企业的科技投入不一定会提高企业绩效。梅雪等(2006)[205]同样以高科技上市公司为样本,研究发现,这些公司的净资产收益率与公司的研发投入之间不一定存在相关关系。

通过以上分析可知,企业创新投入与企业价值之间的关系并未形成统一的定论。尤其立足我国现实,资本市场发展不够完善,部分企业追求短期效应,热衷于收益快的项目,因而可能造成企业的研发项目徒有虚名。此外,考虑到企业研发活动从投入到产出再到得到市场认可需要经历漫长的过程,因而具有滞后性。所以,本书提出假设 H1a 和假设 H1b:

H1a:企业创新投入能够提升企业价值,但是存在滞后性。

H1b:企业创新投入不能提升企业价值。

6.1.1.2　CEO 过度自信、企业创新投入与企业价值

通过以上分析可知,企业创新投入与企业价值之间的关系并未形成一致的结论,而本书文献综述部分已总结了管理者过度自信与企业价值之间的关系,发现同样存在不同的看法。那么 CEO 过度自信是否能够通过促进企业创新投入从而提升企业价值呢? 这方面的文献十分有限。因此,本书将深入分析。通过前面章节的分析可知,只有在不受融资约束的企业,CEO 过度自信才能够促进企业创新投入,这样才有可能提升企业价值。因此,三者之间的关系需要区分不同的情景。

与 6.1.1.1 的假设相对应,如果企业创新投入不能够提升企业价值,那么即使 CEO 过度自信促进了企业创新投入,也并不会提升企业价值。因此,本书提出假设 H2a:

H2a:CEO 过度自信不能够通过企业创新投入从而提升企业价值。

如果企业创新投入能够提升企业价值,那么我们就要考虑融资约束这一影响 CEO 过度自信与企业创新投入之间关系的最关键因素。当企业面临融资约束时,企业的内部资金无法满足创新投资需求,这时企业就会寻求外部融资渠道[206]。然而,Heaton(2002)[17]、Malmendier 和 Tate(2005)[18]等都一致认为,过度自信的管理者往往认为市场低估了公司的价值,认为外部融资成本过高,因此并不会进行外部融资,这样就加剧了融资约束。本书第 4 章的研究结论给出,当企业面临融资约束时,过度自信的管理者就会导致企业创新的投资不足,他们甚至会投资一些净现值为负的项目,这样就会造成企业创新投资的扭曲。因此,这种情境下,CEO 过度自信不会通过企业创新投入来提升企业价值。因此,本书提出假设 H2b:

H2b:对于易受融资约束的企业,CEO 过度自信并不会通过企业创新投入进而提升企业价值。

然而,当企业不受融资约束时,企业拥有大量的资金来进行创新投资,也很少会求助于外部融资。本书第 4 章的分析得出,在不易受融资约束的企业中,过

度自信 CEO 并不会造成其过度投资,本书第 5 章研究结论得出,在不易受融资约束的企业中,CEO 过度自信对企业创新投入的促进作用更加明显。因此,在这种情景下,能够发挥过度自信 CEO 的最大优势。从前述分析可知,过度自信 CEO 具有冒险精神,敢于承担高风险的项目,且不惧怕失败。过度自信 CEO 的这些特质在企业创新投资中,会为企业赢得更多的机会,为企业创造更多的价值(Goel 等,2008[36];David 等,2012[24])。综上所述,本书提出假设 H2c:

H2c:对于不易受融资约束的企业,CEO 过度自信会通过企业创新投入来提升企业价值。

6.1.2 研究设计

6.1.2.1 样本选择和数据来源

与前面章节类似,样本主要使用沪深 A 股上市的制造业和信息技术业企业,经过相关筛选后得到 313 家企业。研发数据通过手工搜索年报和 CSMAR 数据库来获得,其他财务数据均来自 CSMAR 数据库。

6.1.2.2 变量定义

企业价值变量。国内外学者一般使用托宾 Q 值来衡量企业价值(徐欣等,2010[193];隋静等,2016[207]),与已有研究一致,本书也将通过托宾 Q 值来度量企业价值。托宾 Q 值为公司市场价值与其重置成本的比值,即年末流通市值、非流通股份占净资产的金额、短期负债合计以及长期负债合计的总和与年末总资产的比值。

CEO 过度自信变量、创新投入变量及其他控制变量的定义与前面章节定义一致。

6.1.2.3 模型构建

为了验证企业创新投入是否会提升企业价值,本书借鉴了 David 等(2012)[24]的模型,此外,考虑到企业的研发活动具有滞后性,所有解释变量都滞后一期。具体模型如下:

$$TobinQ_{i,t} = \alpha + \beta_0 CF_{i,t-1} + \beta_1 Logsales_{i,t-1} + \beta_2 Log(PPE/EMP)_{i,t-1} + \beta_3 salesgrowth_{i,t-1}$$
$$+ \beta_4 ROA_{i,t-1} + \beta_5 BookLeverage_{i,t-1} + \beta_6 RD_{i,t-1} + d_t + v_i + \varepsilon_{i,t}$$

$$(6.1)$$

为了进一步验证 CEO 过度自信是否会通过促进企业创新投入来提升企业价值,本书在模型(6.1)的基础上加入了 $OC \times RD$ 的交叉变量,具体模型如下:

$$TobinQ_{i,t} = \alpha + \beta_0 CF_{i,t-1} + \beta_1 Logsales_{i,t-1} + \beta_2 Log(PPE/EMP)_{i,t-1}$$
$$+ \beta_3 salesgrowth_{i,t-1} + \beta_4 ROA_{i,t-1} + \beta_5 BookLeverage_{i,t-1}$$
$$+ \beta_6 RD_{i,t-1} + \beta_7 OC_{i,t-1} + \beta_8 (OC \times RD)_{i,t-1} + \beta_9 Log(1+age)_{i,t-1}$$
$$+ \beta_{10} Log(1+tenure)_{i,t-1} + d_t + v_i + \varepsilon_{i,t}$$

$$(6.2)$$

其中,本书将重点关注交叉变量 $OC \times RD$ 的系数 β_8 的变化情况。

6.1.3 实证分析

6.1.3.1 企业创新投入对企业价值的影响分析

表 6.1 报告了对模型(6.1)的回归结果,由表可见,现金流变量(CF)无论对滞后一期还是滞后两期的企业价值都存在显著的正向影响,这说明企业拥有一定的现金流是提升未来企业价值的必备条件。而资产密集度变量(PPE/Emp)无论对滞后一年还是滞后两年的企业价值都存在着显著的负向影响,这可能由于固定资产对企业价值的作用无法在短期内体现出来,固定资产短期的投入,在财务报表上显示的是成本的增加,因而在短期内不会为企业带来收益。此外,资产收益率(ROA)和资产负债率($leverage$)分别与滞后一年的企业价值存在显著的正相关和负相关关系,这与理论相符。最后,对于本书关注的企业创新投入变量(RD),企业创新投入与滞后一年的企业价值之间不存在显著的相关关系,而与滞后两年的企业价值之间在 5% 的显著性水平下呈现正相关关系,系数为 0.311。这说明企业创新投入会提升企业价值,但是存在两年的滞后期,这就验证了假设 H1a。

表 6.1 企业创新投入对企业价值的回归结果

变量	滞后一年	滞后两年
RD	-0.839 (-1.31)	0.311^{**} (2.48)
CF	0.965^{**} (2.58)	0.101^{*} (1.85)
ROA	0.709^{**} (2.32)	0.524 (0.89)
$Sale\ growth$	-0.001 (-0.74)	-0.001 (-0.96)
$Log\ PPE/Emp$	-0.470^{***} (-5.33)	-0.137^{**} (-2.57)
$Log\ sales$	0.183^{***} (2.67)	-0.149^{***} (-3.58)
$Book\ leverage$	-2.202^{***} (-8.36)	0.071 (0.44)
年份	控制	控制
公司	控制	控制
$R\text{-}squared$	0.194	0.152

6.1.3.2 CEO过度自信、企业创新投入与企业价值的关系分析

由前面分析可知,企业创新投入会提升企业价值,那么CEO过度自信也可以通过促进企业创新投入进而提升企业价值吗? 表6.2给出了全部样本对模型(6.2)的回归结果。由表6.2可知,与表6.1结果一致,资本密集度和资产负债率变量无论对滞后一期还是滞后二期的企业价值都存在显著的负向影响,企业创新投入与滞后两年的企业价值之间存在显著的正相关关系。此外,CEO年龄和任职时间与企业价值之间不存在显著的相关关系。对于本书重点关注的交叉变量($OC \times RD$),可见该交叉变量与滞后一年的企业价值存在显著的负相关关系,系数为-3.564,这说明CEO的过度自信通过企业创新投入破坏了未来一年的企业价值,这主要是因为企业创新投入具有长期性,在短期内并不能创造更多收益。然而,该交叉变量与滞后两年的企业价值之间在显著性水平5%的情况下呈现正相关关系,系数为0.234,这就说明CEO过度自信可以通过企业创新投入提升未来两年的企业价值,CEO过度自信对企业价值的作用在2年后才体现出来,这与前面6.1.3.1的结论一致。

表6.2　CEO过度自信、企业创新投入与企业价值的回归结果——全部样本

变量	滞后1年	滞后2年
RD	1.856 (1.30)	0.111** (2.35)
CF	1.471*** (3.12)	0.163 (0.85)
ROA	-0.005 (-0.33)	0.003 (0.19)
$Sale\ growth$	0.001 (0.22)	-0.001 (-0.91)
$LogPPE/Emp$	-0.244*** (-3.47)	-0.005* (-1.89)
$Log\ sales$	0.142** (2.50)	-0.006 (-0.27)
$Book\ leverage$	-3.367** (-17.41)	-0.156* (-1.95)
OC	0.016 (0.21)	0.019 (0.62)
$OC \times RD$	-3.564** (-2.21)	0.234** (2.30)

（续表）

变量	滞后1年	滞后2年
$Log(1+age)$	−0.211 (−0.60)	0.093 (0.72)
$Log(1+tenure)$	−0.194 (−1.18)	−0.060 (−0.88)
年份	控制	控制
公司	控制	控制
R-squared	0.176	0.177

为了区分不同融资约束程度下 CEO 过度自信与企业创新投入及企业价值之间的关系，笔者做了进一步检验。为了与前面章节的研究保持一致，同样借鉴 Brown 等（2009）[131] 的研究，本部分认为年轻企业、小企业和非国有企业是易受融资约束企业，而成熟企业、大企业和国有企业是不易受融资约束企业。基于前文分析结果，在分组回归分析中本书主要对滞后两期的企业价值来验证，表 6.3 给出了易受融资约束企业的实证结果。

表 6.3 CEO 过度自信、企业创新投入与企业价值的回归结果——融资约束样本

变量	年轻企业	小企业	非国企
RD	1.471*** (3.12)	2.174* (1.84)	2.329*** (3.26)
CF	1.471*** (3.12)	1.638* (1.91)	2.162*** (5.20)
ROA	−0.005 (−0.33)	0.332 (0.49)	0.003 (0.19)
Sale growth	0.001 (0.22)	−0.002 (−0.45)	0.001 (0.55)
Log PPE/Emp	−0.244*** (−3.47)	−0.147 (−1.15)	−0.244*** (−3.96)
Log sales	0.142** (2.50)	0.408*** (3.28)	−0.009 (−0.19)
Book leverage	−3.367*** (−17.41)	−2.568*** (−7.36)	−3.237*** (−19.19)
OC	0.016 (0.21)	0.062 (0.47)	−0.008 (−0.13)

变量	年轻企业	小企业	非国企
$OC \times RD$	-3.564^{**} (-2.21)	-4.734 (-1.51)	-3.160^{**} (-2.26)
$Log(1+age)$	-0.211 (-0.60)	-0.242 (-0.35)	-0.484 (-1.59)
$Log(1+tenure)$	-0.194 (-1.18)	-0.389 (-1.39)	-0.251^{*} (-1.72)
年份	控制	控制	控制
公司	控制	控制	控制
$R\text{-}squared$	0.176	0.120	0.385

由表6.3可见，在年轻企业、小企业的和非国有的企业中，现金流与企业价值之间存在显著正相关关系；资产负债率与企业价值之间存在显著负相关关系，这与理论相符。同时，在这三类企业中，企业创新投入对未来的企业价值都存在显著的正向影响，这再次验证了6.1.3.1的结论。但是，对于交叉变量（$OC \times RD$）来说，在年轻企业和非国企中，该交叉变量与企业价值之间分别在5%的显著性水平下呈现负相关关系，系数分别为-3.564和-3.160，这说明在这两类企业中，CEO过度自信通过企业创新投入破坏了企业价值。此外，在小企业中，该交叉变量与企业价值之间虽然不存在显著的相关关系，但系数为-4.734，这在一定程度上还存在负相关关系。综合可知，在这些易受融资约束的年轻企业、非国企和小企业中，CEO过度自信并不能通过企业创新投入来提升企业价值，反而会破坏企业价值，这与前面的理论分析相符，从而验证了假设H2b。

表6.4报告了成熟企业、大企业和国有企业这些不易受融资约束企业的实证结果。可见，在三类不同的企业中，现金流和销售收入都对企业价值存在显著的正向影响；资产密集度和资产负债率都对企业价值存在显著的负向影响；企业创新投入与企业价值之间存在显著的正相关关系，这些结论与前面一致。此外，在三类企业中$OC \times RD$的系数均显著为正。其中，成熟企业在1%的显著性水平下正相关，系数为1.244；国有企业在5%的显著性水平下正相关，系数为1.887；大企业在10%的显著性水平下正相关，系数为3.564。这说明CEO过度自信对企业创新投入到企业价值的转化作用在成熟企业中更为明显，这是因为成熟企业建立时间较长，公司治理机制较完善，有利于约束过度自信CEO的消极行为，激发过度自信CEO的积极行为，从而有利于实现企业价值最大化目标。综上所述，在不易受融资约束的企业，CEO过度自信会通过企业创新投入从而来提升未来的企业价值，这验证了假设H2c。

表 6.4　CEO 过度自信、企业创新投入与企业价值的回归结果——非融资约束样本

变量	成熟企业	大企业	国企
RD	0.009*** (2.78)	0.792* (1.87)	1.856** (2.30)
CF	0.593** (2.49)	1.237** (2.32)	1.471*** (3.12)
ROA	−0.005 (−0.33)	0.962* (1.88)	0.003 (0.19)
Sale growth	−0.001 (−0.74)	0.002 (0.72)	0.001 (0.22)
LogPPE/Emp	−0.477*** (−5.17)	−0.187** (−2.27)	−0.244*** (−3.47)
Log sales	0.180** (2.53)	0.332*** (4.63)	0.142** (2.50)
Book leverage	−2.243*** (−8.20)	−3.194*** (−12.72)	−3.367*** (−17.41)
OC	0.076* (1.91)	−0.059 (−0.68)	0.010* (1.87)
OC×RD	1.244*** (3.93)	1.887* (1.91)	3.564** (2.21)
Log(1+age)	−0.147 (−0.52)	−0.130 (−0.35)	−0.211 (−0.60)
Log(1+tenure)	0.053 (0.27)	−0.067 (−0.34)	−0.194 (−1.18)
年份	控制	控制	控制
公司	控制	控制	控制
R-squared	0.192	0.180	0.176

6.1.3.3　稳健性检验

（1）企业价值的重新度量。为了使实证结果更具说服力，本书对关键变量——企业价值变量进行重新度量。除了使用托宾 Q 衡量企业价值，还有学者使用净资产收益率（ROE）和资产回报率（ROA）（陈德萍等，2011[208]；阮素梅等，2014[209]）来度量，这里将分别用 ROE 和 ROA 来重新度量企业价值以验证本书的结论。

表 6.5 报告了稳健性检验的结果，由表 6.5 可知，企业创新投入分别与滞后两年的 ROE 和滞后 1 年的 ROA 之间存在显著的正相关关系，系数分别为

1.077 和 5.750,这说明企业创新投入能够提升企业未来的 ROA 和 ROE,但具有滞后性,滞后期分别为 1 年和 2 年。此外,OC×RD 的交叉变量与滞后两年的 ROE 之间在 5% 的显著性水平下存在正相关关系,与滞后 1 年的 ROA 之间在 10% 的显著性水平下存在正相关关系,这说明 CEO 过度自信可以通过企业创新投入来提升企业未来 2 年的 ROE 和未来 1 年的 ROA。所得结果再次验证了本书的研究结论。

表 6.5 稳健性检验一

变量	ROE(滞后 2 年)	ROA(滞后 1 年)
RD	1.077** (2.16)	5.750*** (3.88)
CF	8.944*** (5.09)	3.048*** (3.49)
Sale growth	0.007 (0.39)	0.005 (1.14)
Log PPE/Emp	−1.973** (−2.51)	0.242* (1.93)
Log sales	6.493*** (9.74)	0.556*** (5.34)
Book leverage	6.745*** (2.61)	−1.962*** (−5.06)
OC	0.746 (0.96)	0.141 (1.02)
OC×RD	0.623** (2.12)	0.944* (1.88)
Log(1+age)	1.149 (0.42)	−0.272 (−0.44)
Log(1+tenure)	2.652 (1.52)	−0.579** (−2.04)
R-squared	0.104	0.194

（2）融资约束的重新度量。以上分析借鉴了 Brown 等（2009）[131] 的研究,将年轻企业、小企业和非国有企业视为易受融资约束企业,将成熟企业、大企业和国有企业视为不易受融资约束企业。但是,考虑到这种划分方式过于简单,有可能不能够真实地反映企业的融资约束水平,为了保证研究结果的稳健性,本书将重新度量融资约束水平。在已有研究中,比较常用的融资约束指标有"KZ"融资约束指数（Kaplan 和 Zingales,1997[210]）、"WW"融资约束指数（Whited 和

Wu，2006[211]）和"SA"融资约束指数（Hadlock 和 Pierce，2010[212]）。考虑到 KZ 指数和 WW 指数在度量过程中包括了一些内生性指标，如自由现金流等与融资约束水平本身存在内生性，因此，这里通过 SA 指数来重新度量融资约束程度。SA 融资约束指数具体公式如下：

$$SA \text{ 融资约束指数} = -0.737 \times Size + 0.043 \times Size^2 - 0.04 \times Age \quad (6.3)$$

其中，Size 表示公司总资产的自然对数，Age 表示公司注册年份到观测年份的时间差加一年。本书将计算样本企业的 SA 融资约束指数，然后按指数大小排序，位于前 1/3 的企业视为易受融资约束组，后 1/3 的企业视为不易受融资约束组。表 6.6 报告了样本按 SA 指数划分融资约束程度后的实证结果，可见，在不易受融资约束组中，CEO 过度自信与企业创新投入的交叉变量（OC×RD）与企业价值之间在 5% 的显著性水平下存在正相关关系，系数为 5.773；在易受融资约束组，该交叉变量与企业价值之间不存在显著的相关关系，但是系数为 −0.891。这说明在不易受融资约束的企业中，CEO 过度自信可以通过企业创新投入提升企业价值，而在易受融资约束的企业中，这一结论不成立，这再次验证了本书的研究结论。

表 6.6　稳健性检验二

变量	易受融资约束组	不易受融资约束组
RD	4.539*** (2.94)	2.403* (1.78)
CF	0.200 (0.22)	1.698** (2.41)
ROA	0.012 (0.48)	0.091 (0.67)
Sale growth	0.001 (0.12)	0.001 (0.26)
Log ppe/emp	−0.270* (−1.95)	−0.232** (−2.14)
Log sales	0.217** (2.08)	0.129 (1.52)
Book leverage	−3.742*** (−9.17)	−3.249*** (−12.03)
OC	0.154 (1.09)	0.146 (1.29)
OC×RD	−0.891 (−0.20)	5.773** (2.58)

（续表）

变量	易受融资约束组	不易受融资约束组
$Log(1+age)$	−0.314 (−0.57)	−0.971 (−1.36)
$Log(1+tenure)$	−0.401 (−1.39)	−0.247 (−1.00)
R-squared	0.212	0.179

6.1.4 实证结果与讨论

本部分主要检验了企业创新投入对企业价值的作用及 CEO 过度自信是否能够通过促进企业创新投入从而来提升企业价值。通过实证检验得出，企业创新投入对滞后一期的企业价值具有负向作用，即在短期内企业创新投入会破坏企业价值；然而对滞后二期的企业价值具有正向作用，这说明企业创新投入对企业价值具有促进作用，但是存在 2 年的滞后期。

通过进一步检验 CEO 过度自信对两者之间的关系后发现，对全样本而言，CEO 过度自信通过促进企业创新投入破坏了滞后一期的企业价值，而提升了滞后两期的企业价值，这就说明 CEO 过度自信可以通过提升企业创新投入从而提高企业价值，但是具有 2 年的滞后期。

通过对融资约束程度不同的企业进行差异化检验后发现，在年轻企业和非国有企业这类易受融资约束的企业中，CEO 过度自信会通过企业创新投入破坏企业价值；而在成熟企业、大企业和国有企业这类不易受融资约束的企业中，CEO 过度自信会通过促进企业创新投入从而提升企业价值。因此，从企业价值层面来检验 CEO 过度自信对企业创新决策结果的影响，我们不能绝对地认为是促进还是阻碍，而要视不同融资约束程度的企业来区别对待。

6.2 CEO 过度自信、企业创新投入与市场反应

与 6.1 节基本类似，笔者将从市场反应层面来验证 CEO 过度自信对企业创新投入决策结果的影响。众所周知，在资本市场上，投资者将重点关注资本的回报率，因此，为了实现股东利益最大化，上市企业需要不断增加股票收益，从而满足企业长远发展的需要。然而，企业的研发创新活动作为驱动企业长远发展的主要活动之一，企业的创新投入是否能够提升上市企业未来的股票收益？CEO 过度自信是否能够通过促进企业创新投入从而增加其股票收益呢？同时，在融资约束程度不同的企业，这些影响作用是否存在差异？本部分将逐一解决这些问题。

6.2.1　研究假设的提出

6.2.1.1　企业创新投入与股票收益

由于企业的研发创新活动具有高风险、高不确定性等特点，相对其他投资方式，企业创新投资的系统性风险会较高。因此，当增加企业创新投入时，就增加了创新投资增长期权在总资产中的比例，这样就提高了总资产的系统性风险。而由于高风险高收益的理论，系统性风险的增加就会导致企业未来较高的股票收益。因此，遵循这一理论前提，企业创新投资与其未来的股票收益之间存在正相关关系。同时，已有文献也基本支持这一观点。Chan 等（1990）[213]通过分析企业研发投资的市场反应后发现，公司披露研发投资事件后，公司的平均超额收益呈现上升趋势。他们于 2001 年再次关注企业研发投入与股票收益之间的关系，发现研发密度高的企业，它们的股票收益也较高。Chambers 等（2002）[214]不仅分析了企业研发投资水平和投资变化与企业股票收益之间的关系，且进一步解释了存在这种关系的原因，实证结果发现，企业研发投资水平和投资变化与企业股票收益之间都存在显著的正相关关系，且是由研发投入具有高风险所致。Hsu 等（2013）[140]无论从个体角度还是市场角度都得到了类似的结论。Howard 等（2015）[215]通过理论模型证明企业的创新活动可以内生地促进经济增长，从而驱动资本市场的价格估值。Lifeng Gu（2016）[216]通过理论分析和实证检验再次得出，相对研发强度弱的公司，研发强度强的公司由于具有高风险性，因而会导致高的股票收益，且这种情况在市场竞争强的行业更为明显。我国学者张信东等（2009）[217]、孙维峰等（2013）[218]、纪佳君等（2015）[219]也得到了类似的结论。此外，同样考虑到企业创新从投入到产出再到市场认可需要经历漫长的过程，企业创新投入具有滞后性。因此，本书提出假设 H3：

H3：企业的创新投入可以提升未来的股票收益，但是具有滞后性。

6.2.1.2　CEO过度自信、企业创新投入与股票收益

由以上的分析可知，企业创新投入可以增加企业未来的股票收益，那么，如果 CEO 过度自信可以促进企业创新投入，就有可能进一步增加股票收益。而融资约束程度是影响 CEO 过度自信与企业创新投入之间的关键因素，因此，与前面分析一致，这部分本书也将不同融资约束程度的企业区别对待。

与前面章节分析类似，本书认为只有在不易受融资约束的企业，CEO 过度自信才能够促进企业创新投入，从而才有可能提高企业未来的股票收益。因为本书第 4 章和第 5 章的研究结论已经证明，在不易受融资约束的企业，CEO 过度自信才会提升企业创新投入。同时，已有研究表明，融资约束与企业股票收益之间存在负相关关系，融资约束程度越高，股票收益越低。Lamont 等（2001）[220]最早开始研究融资约束对股票收益的影响，通过以美国制造业企业为研究样本，得出在融资约束水平较高的企业，股票收益较低。Campello 和 Chen

（2010）[221]一致认为，融资约束是影响股票收益的一个关键的因素，且在区别不同的经济环境后发现，在经济衰退期，融资约束水平高的企业其股票收益下降得严重；在经济扩张期，融资约束水平高的企业其股票收益上升得也较快。综上分析可知，一方面，在不易受融资约束的企业，CEO过度自信才会促进企业创新投入；另一方面，融资约束程度与股票收益之间存在负相关关系。因此，本书提出假设H4：

H4：在不易受融资约束的企业，CEO过度自信才能通过促进企业创新投入从而提高未来的股票收益。

6.2.2 研究设计

6.2.2.1 样本选择和数据来源

与前面章节类似，样本主要来自沪深A股上市的制造业和信息技术业企业，经过相关筛选后得到313家企业。研发数据通过手工搜索年报和CSMAR数据库来获得，其他财务数据均来自CSMAR数据库。

6.2.2.2 变量定义

股票收益变量主要通过股票回报率来度量，具体是指经市场调整后的股票年回报率。CEO过度自信变量、创新投入变量及其他控制变量的定义与前面章节定义一致。

6.2.2.3 模型构建

为了实证检验企业创新投入是否会提高企业未来的股票收益，本书同样借鉴了David等（2012）的研究，考虑到企业的研发活动具有滞后性，所有解释变量都滞后一期。具体模型如下：

$$Return_{i,t} = \alpha + \beta_0 CF_{i,t-1} + \beta_1 Logsales_{i,t-1} + \beta_2 Log(PPE/EMP)_{i,t-1} + \beta_3 salesgrowth_{i,t-1}$$
$$+ \beta_4 ROA_{i,t-1} + \beta_5 BookLeverage_{i,t-1} + \beta_6 RD_{i,t-1} + d_t + v_i + \varepsilon_{i,t}$$

$$(6.3)$$

为了进一步验证CEO过度自信是否能够通过提升企业创新投入进而提高企业的股票收益，在模型（6.3）的基础上，本书加入了$OC \times RD$的交叉变量，模型如下：

$$Return_{i,t} = \alpha + \beta_0 CF_{i,t-1} + \beta_1 Logsales_{i,t-1} + \beta_2 Log(PPE/EMP)_{i,t-1}$$
$$+ \beta_3 salesgrowth_{i,t-1} + \beta_4 ROA_{i,t-1} + \beta_5 BookLeverage_{i,t-1}$$
$$+ \beta_6 RD_{i,t-1} + \beta_7 OC_{i,t-1} + \beta_8 (OC \times RD)_{i,t-1} + \beta_9 Log(1+age)_{i,t-1}$$
$$+ \beta_{10} Log(1+tenure)_{i,t-1} + d_t + v_i + \varepsilon_{i,t}$$

$$(6.4)$$

其中，本书将重点关注交叉变量$OC \times RD$的系数β_8的变化情况。

6.2.3 实证分析

6.2.3.1 企业创新投入对股票收益的影响分析

表6.7的第2列报告了全部样本对模型（6.3）的回归结果，由表6.7可知，

内部现金流（CF）、ROA 和销售收入与股票收益之间存在显著的正相关关系，这与理论相符。资产密集度与企业的股票收益之间在 1％的显著性水平下存在着负相关关系，原因与前面分析的一致。对于笔者关注的企业创新投入变量，企业创新投入与滞后一期的股票收益之间在 5％的显著性水平下存在着正相关关系，且系数为 0.149，这就说明企业创新投入对其未来的股票收益有显著的正向影响，且存在 1 年的滞后期，这验证了假设 H3。

表 6.7　CEO 过度自信、企业创新投入与股票收益的回归结果——全部样本

变量	模型(6.3)	模型(6.4)
RD	0.149** (2.31)	0.357* (1.89)
CF	0.727*** (3.11)	0.742*** (3.09)
ROA	0.008* (1.87)	0.006 (0.68)
Sale growth	−0.001 (−0.82)	−0.001 (−0.84)
Log PPE/Emp	−0.241*** (−3.51)	−0.300* (−4.06)
Log sales	0.243*** (5.76)	0.262*** (5.94)
Book leverage	0.214 (1.39)	0.245 (1.53)
OC		0.099* (1.90)
OC×RD		0.406 (0.44)
Log(1+age)		0.096 (0.59)
Log(1+tenure)		−0.194 (−1.56)
年份	控制	控制
公司	控制	控制
R-squared	0.192	0.197

6.2.3.2　CEO 过度自信、企业创新投入与股票收益的关系分析

为了进一步分析 CEO 过度自信是否会通过企业创新投入来提升未来的股

票收益,笔者对模型(6.4)进行了回归,表6.7的第3列给出了实证结果。由表6.7可知,其他控制变量的影响与6.2.3.1基本一致,CEO过度自信变量(*OC*)与企业滞后1年的股票收益之间在10%的显著性水平下呈正相关关系,说明CEO过度自信本身有利于提高企业未来的股票收益。而对本书最关注的交叉变量*OC×RD*而言,该交叉变量与股票收益之间不存在显著的相关关系,说明对于全部样本,CEO过度自信并不能通过企业创新投入来提升企业未来的股票收益。

为了进一步区别不同融资约束程度企业的影响差异,类似于前面的研究,笔者把企业划分为融资约束组和非融资约束组。表6.8报告了融资约束组的回归结果,由表6.8可知,在年轻企业、小企业和非国有企业中,现金流(*CF*)、企业创新投入都和企业的股票收益之间存在显著的正相关关系,小企业除外;资产密集度和企业的股票收益之间存在显著的负相关关系,这些结论与前面一致。对于*OC×RD*而言,在年轻企业,*OC×RD*与企业滞后1年的股票收益之间在10%的显著性水平下存在负相关关系,且系数为−0.406,说明在年轻企业,CEO过度自信通过企业创新投入降低了企业未来的股票收益。同时,在小企业和非国有企业中,该交叉变量与股票收益之间不存在显著的相关关系,但是系数分别为−0.484和−0.689。综上所述,在年轻企业、小企业和非国有企业这些易受融资约束的企业中,CEO过度自信不能通过企业创新投入来提高其未来的股票收益。

表6.8 CEO过度自信、企业创新投入与股票收益的回归结果——融资约束样本

变量	年轻企业	小企业	非国有企业
RD	0.357**(2.60)	0.315(0.47)	0.451*(1.79)
CF	0.742***(3.09)	0.213(0.72)	0.579***(2.89)
ROA	0.004(0.19)	0.016*(1.89)	0.001(0.77)
Sale growth	−0.001(−0.84)	0.001(0.47)	−0.001(−0.52)
LogPPE/Emp	−0.301***(−4.06)	−0.071*(−1.66)	−0.082***(−2.66)
Log sales	0.262***(5.94)	0.092**(2.23)	0.122***(5.17)
Book leverage	0.246(1.53)	0.250**(2.27)	0.294***(3.66)
OC	0.099*(1.90)	0.048(1.05)	0.020(0.64)
OC×RD	−0.406*(−1.91)	−0.484(−0.39)	−0.689(−0.94)
Log(1+age)	0.096(0.59)	−0.190(−0.80)	0.108(0.80)
Log(1+tenure)	−0.194(−1.56)	−0.056(−0.57)	−0.143**(−2.05)
R-squared	0.197	0.023	0.035

表 6.9 报告了非融资约束组的回归结果,由表可见,在成熟企业、大企业和国有企业中,现金流(CF)、企业创新投入、销售收入分别与企业滞后 1 年的股票收益之间存在显著的正相关关系;资产密集度和资产负债率分别与股票收益之间存在显著的负相关关系,这与理论相符。对于我们关注的 $OC \times RD$ 变量,在这三类企业中,该变量与企业滞后 1 年的股票收益之间均在 5% 的显著性水平下存在正相关关系,且系数分别为成熟企业 0.406、大企业 0.758、国有企业 0.689,说明在这些不易受融资约束的企业中,CEO 过度自信会通过促进企业创新投入来提高企业未来的股票收益,且这种提高效果在大企业更为明显,这就验证了假设 H4。

表 6.9　CEO 过度自信、企业创新投入与股票收益的回归结果——非融资约束样本

变量	成熟企业	大企业	国有企业
RD	0.357** (2.60)	0.488* (1.88)	0.451 (1.03)
CF	0.742*** (3.09)	0.822*** (3.01)	0.579*** (2.89)
ROA	0.001 (0.56)	0.002* (1.87)	0.011* (1.90)
Sale growth	−0.001 (−0.84)	−0.005 (−1.61)	−0.001 (−0.51)
Log PPE/Emp	−0.301*** (−4.06)	−0.078* (−1.72)	−0.082*** (−2.66)
Log sales	0.262*** (5.94)	1.141*** (3.91)	0.122** (5.17)
Book leverage	0.246 (1.53)	0.325** (2.52)	0.294*** (3.66)
OC	0.099* (1.90)	0.002 (0.04)	0.020 (0.64)
OC×RD	0.406** (2.44)	0.758** (2.80)	0.689** (2.33)
Log(1+age)	0.096 (0.59)	0.210 (1.25)	0.108 (0.80)
Log(1+tenure)	−0.194 (−1.56)	−0.192 (−1.94)	−0.144** (−2.05)
R-squared	0.197	0.041	0.035

131

6.2.3.3 稳健性检验

（1）股票收益变量的重新度量。为了使本书的结论更加稳健，笔者重新度量了股票收益变量。考虑到很多学者通过考虑现金红利再投资的年度股票收益率来衡量股票收益，因此，这里也将通过该代理变量来重新度量股票收益，表6.10报告了稳健性检验的结果。可见，企业创新投入与股票收益之间存在显著的正相关关系，交叉变量 $OC \times RD$ 与滞后1年股票收益之间存在显著的正相关关系。因此，所得结论与前面一致，通过了稳健性检验。

表6.10　稳健性检验一

变量	模型(6.3)	模型(6.4)
RD	0.042** (2.11)	0.049* (1.89)
CF	0.145 (0.66)	0.114 (0.51)
ROA	0.017* (1.81)	0.011 (0.99)
Sale growth	−0.001 (−1.31)	−0.001 (−1.33)
Log PPE/Emp	−0.110** (−2.16)	−0.113** (−2.10)
Log sales	−0.160*** (−4.00)	−0.161*** (−3.87)
Book leverage	0.112 (0.73)	0.138 (0.86)
OC		0.071 (1.46)
OC×RD		0.240** (2.30)
Log(1+age)		0.121 (0.78)
Log(1+tenure)		0.152 (1.35)
R-squared	0.175	0.167

（2）融资约束的重新度量。与6.1.3.3类似，这里同样通过 SA 指数来重新划分融资约束程度，然后重新验证在不同融资约束程度的企业中，CEO过度自信对企业创新投入及股票收益的影响，表6.11给出了回归结果。由表6.11

可知,在融资约束组,交叉变量 $OC \times RD$ 与企业滞后1年的股票收益之间不存在显著的相关关系;而在非融资约束组,该交叉变量与滞后1年的股票收益之间在10%的显著性水平下存在正相关关系,系数为0.072,说明在不易受融资约束的企业,CEO过度自信可以通过提升企业创新投入从而提高企业未来的股票收益,而在易受融资约束的企业,这种提升作用并不存在,因此验证了本书结论的稳健性。

表 6.11 稳健性检验二

变量	融资约束组	非融资约束组
RD	1.155* (1.82)	0.347 (0.61)
CF	0.559 (1.40)	0.054 (0.20)
ROA	0.008 (0.33)	0.019 (0.17)
Sale growth	−0.004 (−0.58)	−0.001 (−0.47)
Log PPE/Emp	−0.270* (−1.95)	−0.056** (−2.09)
Log sales	−0.118** (−1.99)	0.131*** (4.11)
Book leverage	0.413** (2.27)	0.073 (0.75)
OC	0.043 (0.70)	0.146 (1.29)
OC×RD	0.133 (0.06)	0.072* (1.89)
Log(1+age)	0.255 (1.32)	−0.001 (−0.01)
Log(1+tenure)	−0.154 (−1.23)	−0.058 (−0.60)
R-squared	0.038	0.027

6.2.4 实证结果与讨论

本部分验证了企业创新投入对未来股票收益的影响以及过度自信的 CEO 是否能够通过促进企业创新投入从而提高股票收益。通过实证分析得出,企业的创新投入和未来的股票收益之间存在显著的正相关关系,但是存在1年的滞后期,这说明企业的创新投入可以提高未来的股票收益,但具有滞后性。

通过进一步分析过度自信的CEO对两者之间的关系后发现,对全样本而言,CEO过度自信与企业创新投入的交叉变量与股票收益之间并不存在显著的相关关系,但系数为正。而稳健性检验部分重新度量股票收益之后发现,该交叉变量与滞后1年的股票收益之间存在显著的正相关关系,这就说明在一定程度上,CEO过度自信可以通过提升企业创新收入来提高股票收益。

通过区别不同融资约束程度进行检验后发现,在年轻企业、小企业和非国有企业这类易受融资约束的企业中,CEO过度自信并不能够通过提高企业创新投入来提高企业未来股票收益;然而在成熟企业、大企业和国有企业这类不易受融资约束的企业中,CEO过度自信可以通过提升企业创新投入来提高企业股票收益,且在大企业中尤为明显。与企业价值层面的结论类似,对企业市场反应层面而言,我们也不能笼统地认为过度自信CEO对企业市场反应的作用是促进还是阻碍,同样应该视不同融资约束程度的企业来区别对待。

6.3　本章小结

在创新投入资金来源和创新投入决策行为角度的研究基础之上,本章从创新投入决策结果角度出发,通过企业价值和市场反应两个层面,分别实证验证了CEO过度自信是否可以通过企业创新投入来提升企业价值和市场收益。

企业价值层面的检验发现,企业创新投入本身可以提高企业价值,但是具有2年的滞后期,这说明从长远来看,企业保证持续的创新投入确实可以提高企业业绩,提升企业竞争力。因此,企业不应只注重眼前的短期利益,而更应关注长远的发展,这样就需要不断加大创新力度,提升自主创新能力。进一步分析过度自信CEO对企业创新投入及企业价值的影响后发现,人们并不能笼统地判断CEO过度自信对企业创新决策结果的作用,而应视不同融资约束程度的企业而区别对待。在易受融资约束的企业,CEO过度自信会通过企业创新投入破坏企业价值;而在不易受融资约束企业,CEO过度自信可以通过促进企业创新投入来提升企业价值,但具有滞后性。

市场反应层面的检验发现,企业创新投入可以提高股票市场收益,但具有1年的滞后期,这说明作为一种高风险的投资方式,企业的创新投资可以在资本市场上得到很高的回报。这在某种程度上也为关注高风险投资的投资者提供了实证证据。进一步分析过度自信CEO对企业创新投入及股票收益的作用后发现,与企业价值层面结论类似,只有在成熟企业、大企业和国有企业这些不易受融资约束的企业,CEO过度自信才可以通过企业创新投入来提高未来的股票收益,但具有 1 年的滞后期。

综上所述,通过企业价值和市场反应两个层面的检验后一致得出,在融资约束程度不同的企业,CEO 过度自信的影响不同。只有在不易受融资约束的企业中,CEO 过度自信才能够通过促进企业创新投入来提升企业价值和市场股票收益。这就与资金来源角度和决策行为角度所得的结论不谋而合。本书第 4 章资金来源角度分析得出,在易受融资约束的企业,CEO 过度自信会导致企业创新投资不足;而在不易受融资约束的企业,CEO 过度自信不会导致企业创新投资过度,不会造成其投资扭曲。本书第 5 章决策行为角度分析得出,CEO 过度自信对企业创新投入的促进作用在不易受融资约束的企业更为明显。因此,对易受融资约束的企业来说,在资金来源方面,CEO 过度自信会造成其投资扭曲;在决策行为方面,CEO 过度自信对创新投资的提升作用不明显,所以导致其在决策结果方面并不能够提升企业价值和市场收益。然而,对于不易受融资约束的企业来说,在资金来源方面,CEO 过度自信并不会导致其创新投资扭曲;在决策行为方面,CEO 过度自信对其创新投入的促进作用更为明显,所以导致其在决策结果方面能够提升企业价值和市场收益。因此,遵循资金来源—决策行为—决策结果的逻辑思路,最终得出只有在不易受融资约束的企业,CEO 过度自信对企业创新投入才具有促进作用。

第7章 结论、启示与展望

本书围绕"CEO过度自信对企业创新投入决策的影响"这一核心问题,遵循"资金来源—决策行为—决策结果"的研究主线,通过理论模型分析和实证检验后得到了一些具有学术价值和实践意义的新结论和新观点。本章归纳了主要研究结论,并在此基础上有效识别了过度自信CEO的潜在成本和潜在收益,提出了有效发挥其积极作用,遏制其消极作用的对策。最后,在分析本书研究局限性的基础之上提出未来的研究展望。

7.1 结论

立足于行为公司金融理论,本书以企业中拥有较高经营决策权的CEO为研究对象,利用理论分析和实证检验相结合的方法,遵循"资金来源—决策行为—决策结果"的研究思路,系统地探究了CEO过度自信对企业创新投入决策的影响。在开展研究之前,本书从心理学角度和事前测量角度出发,根据CEO早期的晋升频率指数构建了CEO过度自信指标,这就为后续的研究提供了理论基础。理论分析部分分别构建了CEO过度自信的投融资两期模型和包含融资约束在内的CEO过度自信职业生涯关注模型。实证检验部分以2002—2014年在沪深A股上市的制造业和信息技术业企业为样本,以CSMAR数据库和手工搜索年报为数据来源,以差异性检验、面板回归分析、DID方法等为研究方法。其中,资金来源部分,分别从宏观层面验证了外部股权融资的重要性;从微观层面验证了CEO过度自信是否由于对外部股权融资的厌恶从而造成企业创新投资的扭曲。决策行为部分,分别从宏观层面验证了企业家特征对企业创新投入的重要性;从微观层面验证了CEO过度自信对企业创新投入决策的影响。决策结果部分,分别从企业价值层面和市场反应层面来验证CEO过度自信是否可以通过企业创新投入最终提升企业价值和股票收益。本书所得结论如下:

(1)基于早年晋升频率指数构建了CEO过度自信指标。本书通过评析已有的过度自信指标,发现已有指标虽有一定的参考价值,但还存在很多不足。本书首次从事前测量角度、心理学角度出发构建了CEO晋升频率指数,通过该指数来衡量 CEO 过度自信。通过分析发现,CEO 晋升频率指数法不仅符合自我归因偏差心理学理论基础,且与郝颖等(2005)[103] 的持股比例法、易靖韬等(2015)[31] 的投资表现法相比更具有合理性,同时,该指数所测的过度自信 CEO 个人特征与已有文献基本相符。因此,该指标的构建为后面的实证研究提供了可靠的理论前提。

(2) 资金来源方面。通过构建基于 CEO 过度自信的投融资两期模型进行理论分析发现,过度自信的 CEO 在融资过程中会依赖于内部现金流,在投资过程中投资现金流的敏感度非常高,这种现象在易受融资约束的企业更明显,同时在创新投资中也最明显。

在理论分析的基础上,宏观层面实证检验了外部金融市场对企业创新投入的影响,发现外部金融市场的变化会导致企业创新投入的变化,股权分置改革和金融危机事件可以合理解释企业创新投入分别在 2006 年和 2009 年出现的高点和低点现象,其中,股权分置改革对企业创新投入有约 0.08% 的促进作用;金融危机制约了企业的创新投入。本书还发现,股权融资是其主要影响渠道,且对研发强度大、外部融资成本低、年轻企业的影响更明显,但年轻企业具有三年的滞后期。此外,进一步得到股权融资是通过缓解融资约束来促进企业创新投入的。宏观层面的实证检验以层层递进的方式论证了外部资金来源(尤其股权融资)对企业创新投入的重要性。

137

然而,已有文献表明,过度自信的 CEO 往往认为股权融资成本过高,并不会进行股权融资,这样是否会加剧融资约束,从而导致企业创新投资扭曲呢? 微观层面的实证检验结果给出了答案。微观层面通过对 R&D 动态投资模型和投资扭曲模型进行面板回归后发现,与固定资产投资相比,CEO 过度自信对企业创新的融资约束影响更明显,从而导致对企业创新投资扭曲的影响也更明显。同时,当股权融资成本下降时,CEO 过度自信对企业创新融资约束及创新投资扭曲的影响也会随之下降。此外,通过对企业异质性检验发现,在易受融资约束的企业,CEO 过度自信会导致其创新投资不足;然而在不易受融资约束的企业,CEO 过度自信并不会导致其创新投资过度。

总而言之,从理论模型分析到宏观和微观层面的实证检验最终得出,在资金来源方面,在易受融资约束的企业,CEO 过度自信会加剧融资约束从而导致创新投资扭曲;只有在不易受融资约束的企业,CEO 过度自信才不会制约企业创新资金。

(3) 决策行为方面。通过构建包含融资约束在内的 CEO 过度自信职业生涯关注模型进行理论分析后发现,在均衡状态下,CEO 过度自信程度越大,企业进行创新投入的可能性越大,两者之间存在正相关关系,而这种现象在不易受融资约束的企业更明显。

在理论分析的基础上,宏观层面实证检验了企业创新投入的城市效应及其影响渠道,发现同城市不同行业的企业创新投入之间存在显著的正相关关系,同时,其托宾 Q 对企业创新投入的影响比本企业的还要明显,这就说明企业的创新投入存在明显的城市效应。且这种效应在不同城市和不同企业间也存在差异,在高成长型城市及东部城市、一线城市,以及在年轻企业、小企业、非国有企业和研发强度大的企业,城市效应更明显。通过检验城市效应的影响渠道后发现,外部股票市场和债务融资都不是主要影响渠道,而内生交互是主要影响渠道,且企业家活力是主要的内生交互渠道,这就从宏观层面验证了企业家特征对企业创新投入的重要性。

微观层面通过静态面板回归和动态 DID 模型进行检验后发现,CEO 过度自信有利于促进企业创新投入,且在研发强度大、约束机制弱和不受融资约束的企业其促进作用更明显。总而言之,在决策行为方面,从理论模型分析到宏观和微观层面的实证检验最终得出,在不易受融资约束的企业中,CEO 过度自信对企业创新投入的促进作用更明显。

(4)决策结果方面。通过对企业价值和市场反应两个层面的实证检验后发现,企业创新投入与企业价值之间存在显著的正相关关系,但具有两年的滞后期。在易受融资约束的企业,CEO 过度自信通过企业创新投入会破坏企业价值;而在不易受融资约束的企业,CEO 过度自信可以通过企业创新投入提升企业价值,但具有滞后性。同时,企业创新投入可以提高企业未来的股票收益,但具有一年的滞后期。在易受融资约束的企业,CEO 过度自信并不能够通过企业创新投入来提高股票收益,而在不易受融资约束的企业,CEO 过度自信可以通过促进企业创新投入来提高未来股票收益,也具有滞后性。此外,本书通过 SA 融资约束指数重现划分企业的融资约束情况后,也发现类似的结论。

综上所述,遵循"资金来源—决策行为—决策结果"的研究思路,本书的研究结论可以通过图 7.1 来清晰展现,围绕本书的研究问题"CEO 过度自信对企业创新投入决策的影响",笔者并不能笼统地回答 CEO 过度自信是促进还是阻碍了企业的创新投入,而应根据企业受融资约束程度的不同来区别对待。从图 7.1 的上半部分可见,对易受融资约束的企业来说,由于在资金来源上,CEO 过度自信加剧了融资约束而造成其投资不足,在决策行为上,对其创新投资的促进作用不够明显,最终造成在决策结果方面并不能够提升企业价值和市场收益,因此本书得出,对易受融资约束的企业来说,CEO 过度自信与企业创新投入之间存在负相关关系。从图 7.1 的下半部分可见,对不易受融资约束的企业来说,由于在资金来源上,CEO 过度自信并不会造成其投资过度,在决策行为上,对其创新投资的促进作用十分明显,最终造成在决策结果上可以通过创新投入来提高企业价值和市场收益,因此本书得出,对不易受融资约束的企业来说,CEO 过度自信与企业创新投入之间存在正相关关系。

对于易受融资约束的企业：

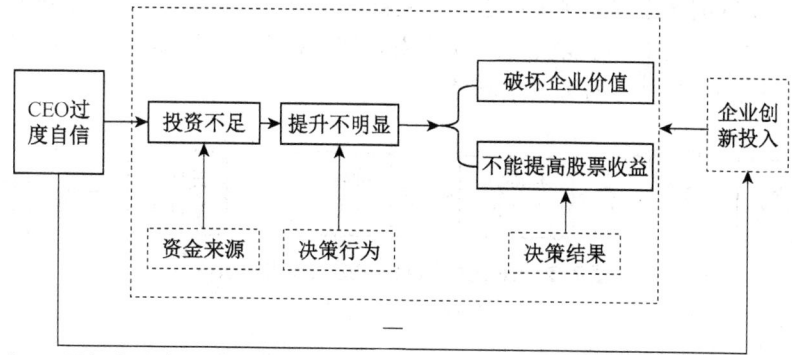

对于不易受融资约束的企业：

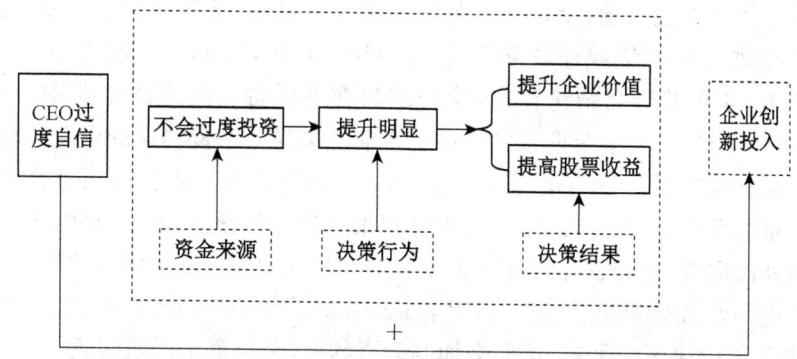

图 7.1 CEO 过度自信对企业创新投入的影响图

资料来源：作者整理。

7.2 启示

7.2.1 过度自信 CEO 的角色评价

7.2.1.1 过度自信 CEO 的潜在成本

过度自信 CEO 的潜在成本也被学者们称为行为成本（Shefrin，2007）[222]，是指由于管理层的认知偏差导致错误决策而带来的成本，而非管理层和投资者之间的利益冲突所致。这样的例子在国内外比比皆是，例如，悉尼歌剧院建设时极大超支的预算、欧洲迪士尼乐园选址的失误、摩托罗拉集团的入不敷出、顺驰中国的轰然崩塌、三九集团的衰败，等等，这些鲜活的例子基本都是管理者的认知偏差导致错误决策，从而给企业带来了巨大的经济损失。

与本书的研究问题相符，这里重点分析在企业创新决策过程中过度自信

CEO所存在的潜在成本,根据前几章的研究结论可知,对企业创新投入而言,过度自信CEO的潜在成本主要存在于一些易受融资约束的企业中。如图7.2所示,CEO的过度自信,可能加剧融资约束,导致投资上的创新投资不足,从而最终破坏企业价值,进而损害股东利益。

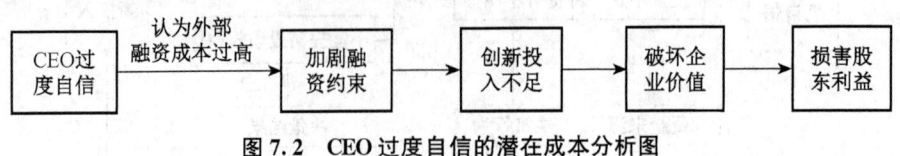

图7.2　CEO过度自信的潜在成本分析图

资料来源:作者整理。

（1）加剧融资约束。已有研究一致认为,过度自信的管理者往往认为外部市场低估了企业的价值,从而认为外部融资成本过高,尤其股权融资成本高,这样就会导致其高度依赖于内部现金流（Heaton等,2002[17]；Malmendier等,2005[18]）。本书的研究结论得出,这种现象在易受融资约束的企业中更明显。这是因为,年轻企业、小企业或者非国有企业这类易受融资约束的企业在获取资金时存在一定的困难,外部融资成本远远大于内部融资成本。而当这类企业的管理者是过度自信时,一方面,企业本身很难融到外部资金,另一方面,管理者十分厌恶外部融资,这样就导致这些企业在融资过程会高度依赖于内部现金流,从而会进一步加剧融资约束。因此,在易受融资约束的企业中,过度自信的CEO并不能解决资金困难,反而会加剧融资约束,造成资金严重缺乏。

（2）造成创新投入不足。尽管已有学者一致认为过度自信的管理者可以促进企业创新投入（David等,2012[24]；Lü-dtke和Lüthje,2012[26]；Herz等,2013[27]；Chang等,2015[28]；孔东民等,2015[29]；于长宏等,2015[30]；易靖韬等,2015[31]）,但是已有研究都有一个共同的前提是企业拥有足够的资金可以用于创新投资,那么当资金不足时,CEO过度自信还会同样促进企业创新投资吗？本书的结论给出了答案。对于易受融资约束的企业,在资金来源上的不充足,导致过度自信的CEO无法制定出满足企业价值最大化的投资决策,而会造成企业创新投入不足,导致企业创新投入扭曲。创新投入的不足就会导致创新产出的不足,从而会进一步制约企业的自主创新能力,降低企业在同行中的竞争地位,这就会削弱企业的竞争力。

（3）破坏企业价值。本书的文献综述部分总结了部分学者认为,过度自信的管理者会破坏企业价值（Roll,1986[16]；Heaton,2002[17]；叶蓓等,2009[101]）。基于本书的研究结论,笔者认为在那些易受融资约束的企业中,过度自信的CEO加剧了融资约束,导致企业创新投资不足,从而无法实现企业的利益最大化,所以最终会破坏企业价值。企业价值是企业经营的最大目标,受到投融资决策的影响,对于易受融资约束的企业来说,过度自信的CEO主要通过制约企业的投融资,从而最终会破坏企业价值。

(4) 损害股东利益。作为上市公司而言,如果想获得资本市场上投资者的青睐,获得充分的市场收益,满足外部融资需求,那么在经营过程中遵循股东利益最大化的标准是基本要求。然而,已有研究表明,管理者的过度自信往往会导致在企业经营过程中违背了股东利益最大化的基本原则(Hayward 等,1997[84];Heaton,2002[17];Lin 等,2005[35];郝颖等,2005[103];姜付秀等,2009[80])。基于本书的研究结论,在易受融资约束的企业中,CEO 过度自信并不能够通过企业创新投入来提高企业未来的股票收益。这主要是因为在资金来源上的供应不足,造成创新投资的不足,最终导致企业价值的破坏,从而降低了企业的业绩,这样就有可能损坏企业在资本市场上的声誉,降低股票收益,从而最终会损害股东的利益。

7.2.1.2 过度自信 CEO 的潜在收益

尽管已有研究大部分都关注到了管理者过度自信的负面作用,但是自从 Galasso 等(2011)[25]首次关注到过度自信管理者的积极作用时,很多学者都开始关注过度自信的正面作用。本书经过全面的分析之后得出,在不易受融资约束的企业,CEO 过度自信可以促进企业创新投入,从而提高企业价值,提升企业未来的股票收益。因此,在不易受融资约束的企业中,CEO 过度自信的潜在收益如下:

(1) 勇于冒险。因为过度自信的管理者倾向于高估不确定事物的净收益,他们总是很乐观地认为未来不确定事物会有好的结果,或者他们总是认为自己有能力获得成功,所以他们经常会尝试新的事物,勇于冒险。Griffin 和 Tversky (1992)[223]认为,过度自信的管理者往往对较困难的任务会表现得更加自信。所以,相对于理性的 CEO,过度自信的 CEO 会更喜欢接受一些风险大且富有挑战性的任务。而企业创新就是这样一项任务,企业创新需要提供新的技术和新的产品,极其富有挑战性。因此,过度自信 CEO 勇于冒险的精神对企业创新活动非常有利。

(2) 不惧怕失败。Einhorn(1980)[49]认为,过度自信的个人尤其会关注一些较模糊且反馈延迟的事物。而企业创新活动从创新投入到创新产出再到得到市场认可,整个过程需要花费很长的时间且具有高度不确定性,创新产出的产品一旦得不到市场的认可,就可能功亏一篑,面临很高的失败风险。但是过度自信的个人往往并不惧怕失败,且敢于承担风险,因为他们经常高度自信,认为自己可以克服种种困难,最终获得成功。已有文献也表明,CEO 过度自信的品质导致他们认为自己能够很好地胜任一些有难度的任务[24],而且会非常热衷于这类项目的投资,同时并不惧怕项目失败的风险[194]。因此,过度自信 CEO 不惧怕失败的特征使他们非常适合制定创新投资决策。

(3) 个体努力程度较高。Fairchild(2005)[116]通过理论模型分析后得到,一方面,过度自信的管理者习惯于选择较高的负债比率,这样增加了违约风险;但是另一方面,过度自信的管理者会通过更加努力地工作来提升企业价值,从而抵消其消极作用。伍如昕(2011)[224]通过模型推导后得出,相对理性的个体,过度自信的个体会在项目中付出更多的努力和心血,这样会促进个体努力程度较高。因此,过度自信的品质会导致管理者能够更加积极地工作,且更加有信心通过努力来获得成功。所以,过度自信CEO努力工作的特征也有利于促进企业创新。

(4)支付较少报酬。Hackbarth(2003)[37]认为,过度自信的管理者即使在较少的报酬下也会积极工作,这样公司支付的报酬成本就较低。此外,公司并不需要通过提供高额的激励来鼓励管理者从事一些风险高的项目,因为过度自信的管理者本身就会自愿从事高风险的任务。Gervais等(2007)[15]认为,股东更愿意雇佣一些过度自信、乐观甚至能力低的管理者来工作,因为给他们支付的成本要低很多。因此,从公司利益最大化角度出发,雇用过度自信的CEO,还可以节约很多成本。

(5)升职概率较大。Goel等(2008)[36]认为,相对理性的管理者,过度自信的管理者更有可能提升为CEO。相对于无偏差的竞争对手,过度自信的代理人在竞争中具有绝对的优势,因为过度自信的品质能够让个体在群体中得到更高的身份和地位。因此,相对理性的管理者,过度自信的管理者更有可能升职,过度自信的CEO更有可能拥有更高的身份,这样就形成一种良性循环,拥有高的地位促使他们的自信程度更高。因此,从管理者个体角度来看,过度自信也具有一定的积极作用。

综上所述,过度自信的CEO具有加剧融资约束、造成创新投入不足、破坏企业价值及损害股东利益等潜在成本,且这些消极作用主要在一些易受融资约束的企业中更明显。同时,过度自信的CEO还具有勇于冒险、不惧怕失败、个体努力程度较高、支付较少报酬、升职概率较大等潜在收益,且这些积极作用也主要在一些不易受融资约束的企业中更明显。当然,我们并不是绝对地认为在易受融资约束的企业中,过度自信的CEO就没有起到积极作用,或者在不易受融资约束的企业中,过度自信的CEO也没有起到消极作用。而是两种作用会同时具备,只是相对而言,在易受融资约束的企业中,过度自信的消极作用大于积极作用;而在不易受融资约束的企业中,过度自信的积极作用大于消极作用。

此外,过度自信的消极和积极作用也并不是一成不变的,会随着过度自信程度的不同而变化。例如,Goel等(2008)[36]研究得出,当CEO是风险规避时,过度自信CEO的积极作用存在一个阀限值C^*,当过度自信程度在阀限值范围内时,企业价值会随着过度自信程度的增加而逐渐增加,当过度自信程度高于阀限值时,企业价值会随着过度自信程度的增加而减少。因此,已有研究给予笔者一些启示,过度自信CEO的潜在成本和潜在收益是在不断变化的,这与过度自信水平有关。对于不同的企业可能存在一个最优的过度自信水平,在这一水平范围内,过度自信CEO的潜在收益会大于潜在成本。因此,能够探寻在企业创新过程中CEO过度自信的最优过度自信水平,这也将是今后的一个研究方向。

7.2.2 对公司治理的启示

通过前面章节的分析可知,过度自信的CEO在企业创新决策中不仅存在潜在成本而且具有潜在收益,而在易受融资约束的企业中潜在成本往往大于潜在收益;在不易受融资约束的企业中潜在收益往往大于潜在成本。为了确保CEO过度自信的积极作用能够最大限度地发挥,同时最大可能地遏制其消极作用,必须改变传统的公司治理机制,在制定企业规章制度的同时,开始高度关注决策制定者的行为和心理因素,真正地由传统的公司治理机制向行为公司治理机制转变,从而有效发挥其积极作用并制约其消极作用。由此,本书提出以下对策。

7.2.2.1 发挥积极作用的策略

(1)设立有效的激励和奖惩制度。本书的研究结论得出,CEO敢于冒险和不惧怕失败等特性促使其在创新投入上表现较积极,在不易受融资约束的企业中,这种积极作用会更有效发挥。因此,在一些不易受融资约束的企业中,为了更好地激发过度自信CEO发挥其积极作用,公司应该制定一些激励和奖惩制度。然而,Shefrin(2007)[222]认为,传统的公司治理中通过金钱来激励管理者的观点是错误的,这无法消除行为偏差的影响。因此,在制定激励制度时,应该全面考虑管理者的行为和心理因素,视管理者过度自信程度而定。如果管理者的过度自信在一定的范围内,这时为了发挥过度自信管理者大胆、冒险和敢于创新的优势,应该给予最大可能的激励,通过期权和股票等激励方式,让管理者能够付出最大努力,且愿意承担风险,这样会提高企业的创新能力,实现企业价值和股东利益最大化。但是,当管理者的过度自信程度已有超过一定的范围,为了避免他们制定出一些不符合实际的创新决策,防止过度的创新投资,企业应该进行适当的外部监督,减少股权激励。此外,由于过度自信管理者充分相信自己的能力,他们更倾向于接受与业绩挂钩的薪酬奖励(Keiber,2002[39])。因此,企业在制定薪酬制度时,应该考虑此因素,增大与业绩有关的薪酬奖励,这样过度自信的CEO更会付出努力,从而满足企业和股东的利益。

另外,考虑到企业创新活动的长期性特性,在制定奖惩机制时,不能总是以企业短期的收益来考核,而应该考虑企业未来长期的业绩情况来考核高管,给予相应的奖惩。同时,考虑到企业创新活动的高度不确定性,很多外部不确定性因素也会影响到创新的失败,因此,为了不打击过度自信CEO创新的积极性,不能根据一次创新的失败就彻底否定和惩罚管理者,而应该在一定时期内依据多次创新绩效来综合考察高管。

(2)营造宽松的决策环境。不同于其他决策方式,企业的创新投资决策本身就需要有与众不同的观点和新颖的想法,这样才可能最终创造出创新性的技术和产品。因此,为了有利于管理者制定创新决策,营造出宽松的环境至关重要。例如,在管理者制定创新决策期间,可以拥有自由的工作时间和工作空间,通过宽松的文化氛围激发过度自信管理者的创新激情;或者可以定期召开决策群体会议,通过头脑风暴等方式广泛吸取大家的建议等。好的文化和环境是提高企业创新的助推器,且在宽松的文化氛围下,更容易让过度自信的管理者去尝试、去创新,从而付出更多的努力。

(3)规范创新决策程序。本书的研究结论得出,过度自信CEO从创新资金来源到决策行为再到决策结果都存在不同的作用,因此,为了发挥过度自信CEO的积极作用,从资金来源到决策行为再到决策结果每一环节都应该给予重视。首先,决策前反复论证,确保资金充足。在进行一项创新项目之前,要进行充分调查,广泛吸收多方面的资料和信息,对创新项目的可行性进行反复论证。同时,为了保证创新项目的顺利开展,通过可行的渠道获得资金,保证创新投资。另外,经常组织管理层的交流,集思广益,引入外部专家,保证决策群体的知识结构和学历背景的平衡,从而不依靠CEO个人的决策和权威。其次,决策过程中建立高效的反馈和处理机制。由于企业创新项目具有不确定性和高风险性的特征,创新项目实施过程中会遇到很多障碍,因此应该定期对创新项目进行定期评估,从而保证企业高管可以随时调整决策,确保损失最小。当创新项目面对风险时,管理者要及时进行处理、评估项目终止和继续的风险和成本,以确保创新投资项目净现值为正的基本原则。最后,决策后要进行客观的评价和总结。

(4)优化股权结构和资本结构。根据管理者过度自信程度,适时调整和安排股权结构和资本结构对规范和约束管理者行为偏差有一定的作用。本书第5章的研究结论得出,当企业的约束机制较弱时,CEO过度自信对企业创新投入的影响更为明显。在CEO过度自信程度在一定范围内,为了激发过度自信对企业创新投入的正面促进作用,可以适当地放松对CEO的约束,这样会保证他们最大限度地发挥其优势。例如,在一些不易受融资约束的企业中,可适当地调整第一大股东的持股比例。但当CEO过度自信程度已经超出一定范围,或者在一些易受融资约束的企业中,则应该严格地约束CEO的行为,增强企业的约束机制。叶蓓(2009)[101]认为,为了减弱管理者的过度自信倾向,可以适当地分散股权。因此,为了减弱过度自信管理者对企业创新的负面作用,可以减少第一大股东的持股比例,适当减弱过度自信管理者的负面作用。此外,优化资本结构,进行适度的债务融资也可以影响过度自信管理者的行为。公司适当地发行债务,一方面可以激励过度自信管理者努力工作,偿还债务;另一方面也可以约束他们的行为,降低过度自信的负面影响。

(5)注重管理者的选拔和培训。能够选拔和培训适当的管理人才进行创新决策,这对提高企业创新投入及最终提升企业价值至关重要。企业在选拔和培训管理者过程中,为了发挥过度自信的积极作用,消除过度自信的消极作用,也应视过度自信程度而区别对待。一方面,当管理者过度自信程度在一定范围内时,应该大量选拔此类管理人才进入决策团队,从而发挥其积极作用。另一方面,当过度自信程度超出一定范围时,也应该监督、约束或者控制这类管理者的行为。这时就应该在企业内部制定一套合理的指标体系来测量管理者个人的过度自信程度,这也是学术界和企业界面临的一大难题。本书的研究给出了一些参考,本书第 3 章通过管理者早期的晋升经历来衡量管理者的过度自信,这可以引导企业在某一方面验证管理者的过度自信程度。此外,已有研究也发现,管理者的性别、学历、教育背景等个人特征也会影响过度自信,因此,企业可以建立一个包括本企业管理者在内的个人特征数据库,全面统计此类相关的个人特征,然后根据一些计量方法进行打分,最终测评出管理者的过度自信程度,从而以此来选择选拔和培训人选。

(6)构建高管自我学习机制。已有研究表明,管理者可以通过充分学习来克服过度自信的心理偏差,从而提升并购绩效(吴超鹏,2008[104])。因此,构建自我学习机制是平衡管理者过度自信程度的一个可行举措。为了保证管理者过度自信程度保持在一定范围之内,企业应该经常组织管理者对过去的经验和失败进行总结,管理者团队之间互相学习和交流,从而扬长避短,不断调整管理者的认知偏差,最终在企业内部形成高管的一个自我学习机制。此外,本书第 5 章研究结论得出,外部城市发展对企业创新投入的影响主要通过企业家之间的内生交互渠道来实现,因此,加强同一地区不同企业高管之间的交流和学习也十分重要,这样同样可以学习其他企业高管的优点和经验,不断修正高管的认知偏差。

7.2.2.2 遏制消极作用的策略

(1)有效发挥董事会和监事会内部监督。Hayward 和 Hambrick(1997)[84] 认为,如果企业的董事会缺乏警惕性且对管理者监督不力,就会导致管理者无法意识到自己的决策偏差,从而强化其过度自信程度。可见,当企业高管无法通过自身努力来调整过度自信偏差时,企业内部的董事会和监事会的监督作用至关重要。为了降低过度自信的负面影响,应该有效发挥董事会和监事会的职责。一方面,要适当控制董事会规模人数、董事会成员的教育程度及年龄等这些影响管理者过度自信的因素;减少内部执行董事比例,增加独立董事比例,有效发挥独立董事制度的作用,避免"独立董事不独立"的现象。另一方面,要高度重视监事会的地位,有效发挥其监督和约束作用,从而将过度自信的负面作用降低到最低。

(2)合理利用职业经理人市场外部约束。建立公开、平等和透明的职业经理人市场机制可以有效约束企业高管的行为。以往企业对高管的选聘,经常使用非市场的方式,尤其在国有企业中,行政任命的情况十分常见,这样就会减弱部分高管不断进步的积极性,而造成部分高管没有后顾之忧,从而随心所欲,没有任何约束和惩罚，这样最终会破坏企业价值。然而，为了保证企业高管的行为受到有效的约束，可以将企业高管视为一种人力资本在职业经理人市场进行评估和选择，由之前的"任命"机制变为"市场"机制，企业管理者的过度自信所带来的负面影响就会有所降低。但是，受我国传统文化的影响，建立职业经理人机制需要很长时间来实现。

（3）确保稳定的现金流，开展现金流管理。本书的研究结论得出，当企业内部现金流不足，面临融资约束时，CEO过度自信不利于企业创新投入，而当企业拥有充足的现金流，不受融资约束时，CEO过度自信可以促进企业创新投入。因此，为了降低CEO过度自信的负面影响，确保企业的现金流稳定也是一大举措。已有研究表明，小企业、年轻企业以及非国有企业更有可能面临融资约束，一方面是由于这些企业大多处于起步阶段，经营绩效不够乐观，造成其现金流不足，另一方面这些企业不能合理地管理内部现金流，合理分配投资项目，造成现金流的浪费。因此，为了缓解融资约束，稳定内部现金流，这类企业可以构建内部现金流的管理机制，分别对通过股权和债务等融资到的现金流、经营产生的现金流、需要投资的现金流进行合理的配置，真正从企业价值最大化、股东利益最大化等目标出发来选择和支配现金流，从而最终降低企业的融资约束程度，发挥管理者过度自信对企业创新投入的促进作用。

（4）聘任CEO时要注重早期升职等重要经历。本书第3章通过CEO早年晋升频率指数来度量CEO的过度自信水平，并进行了合理性检验，可见早期的晋升经历会影响CEO的过度自信程度。因此，为了抑制CEO过度自信的消极作用，可以从源头上出发，避免聘任过度自信程度偏高的管理者。这样在选聘CEO之前，企业就应该对候选人的早期晋升经历做详细调查。尤其在易受融资约束企业中，为了降低过度自信的消极作用，可以选聘一些早期晋升频率较低的管理者担任CEO。此外，为了提高企业创新投入，不仅要关注管理者早年的晋升经历，还应关注其他经历，如是否有过饥荒经历[225]、财务经历或者军队经历等重大经历。

（5）合理借助决策模型和工具。由于管理者往往很难通过自身的努力使自己的过度自信水平调整到最佳，为了将过度自信的负面作用降低到最小，可以鼓励管理者积极利用已有的决策模型和工具，从而理性地进行决策。已有研究提出了很多的决策辅助性工具，例如，均数回归偏差（Kahneman和Tversky，1982[69]）、四步纠偏法（Fischhoff，1982[226]）、决策支持系统（Arnott，2006[227]）、基于行为的公司资本投资决策方法（邵希娟等，2009[228]）等，这些决策工具的使用在一定程度上可以纠正过度自信的决策偏差，改善决策。因此，企业应该广泛引进和宣传这些基本的决策工具，引导管理者在做决策过程中合理利用这些工具，从而优化决策水平。

（6）构建管理者过度自信预警指标。各个企业根据实际情况构建专有的管理者过度自信预警指标十分重要。根据笔者的直观感觉,管理者的过度自信水平并不是越高越好,也不是越低越好,而是在不同的企业都有一个合理的范围值,在这一合理范围内,管理者过度自信可以有效地促进企业创新投入,根据本书研究结论,这在不易受融资约束的企业中尤其适用。因此,企业应该综合考虑自身的经营状况、融资约束程度、管理者的个人特征来构建自己的管理者过度自信合理范围值,并定期测算每个管理者的过度自信水平,评估其是否位于这一合理范围内,若超出范围,则要采取相关的纠偏措施。能够构建这一合理范围,构建管理者过度自信预警指标,这对企业而言任重而道远,这也将是我们未来需要突破的研究问题。

7.3　研究局限及展望

7.3.1　研究局限

行为公司金融的研究在国内起步较晚,基于管理者非理性视角来研究企业创新就更为鲜见。本书在已有理论基础之上作了尝试和探索,从 CEO 过度自信角度出发,从资金来源到决策行为再到决策结果全面考察了 CEO 过度自信对企业创新投入决策的影响,这不仅补充了已有的相关理论,也得到了一些探索性的结论。但是,在指标构建、研究数据、研究对象、变量选取、研究内容以及研究对策等方面还存在一些不足。

(1) 通过 CEO 早期的晋升频率指数来构建 CEO 过度自信指标,这有待今后进一步验证。寻找合适的替代指标来度量过度自信,这一直都是行为公司金融领域的一大难题。已有研究提出了很多不同的度量方法,但是并未形成统一的标准。本书从心理学和事前测量角度出发,通过测算每个 CEO 早年的晋升频率来度量过度自信,这是一个大胆的尝试和探索。但是在构建指标过程中,由于数据的限制,我们未能将管理者晋升职位的高低考虑进去,这需要今后进一步补充。虽然本书全面论证了该指标的合理性和有效性,且研究角度较独特和新颖,但是这一成果还需要未来很长时间的考验,需要得到其他学者的进一步验证。

(2) 研究数据存在一定的局限性。由于信息披露的局限性,能够得到确凿的研发数据一直是企业创新方面研究的关键。然而,由于 2007 年新会计准则才开始要求上市公司披露研发数据,因此 2007 年之前的企业研发数据十分有限。尽管我们通过手工搜索年报获取了部分数据,但也存在数据量不足、数据披露位置混乱以及概念不明确等问题。例如,研发投入费用在有的年报中披露为技术开发费,有的则为技术创新费、研究与开发费用等,为了尽量保持一致,笔者采取了一定的措施,然而并未完全消除这一问题。此外,考虑到企业的研发创新具有滞后性,笔者还需要得到企业连续3年的研发数据,而数据量的不足就导致了研究样本的有限。所以,研发数据的局限性就可能影响到本书研究结论的可靠性。因此,未来有待补充更加详实的研发数据,或者将样本期扩大,从而进一步检验研究结论的稳健性。

(3) 研究对象的范围有待扩大。本书的研究对象是在企业中拥有较高决策权和经营权的CEO,但是在实践中,进行创新决策的往往是整个管理层团体,因此,为了能够更加全面地考察管理者非理性因素对企业创新投入决策的影响,不仅要单一地分析CEO过度自信的影响,还应进一步分析董事长、董事及监事等高管群体过度自信的影响,并对比分析哪个高管的过度自信影响更为明显,验证决策核心力量,从而制定相应对策。只有这样才能更加全面、更加系统地剖析管理者过度自信与企业创新投入决策之间的关系。

(4) 研究变量的选取存在局限性。本书主要研究企业的创新投入问题,在本书第1章已对概念作了相关界定,通过企业的研发投入来度量企业创新投入。然而实际上,企业的研发投入仅仅是创新投入的一部分,除此之外还包括研发人员投入。但是由于研发人员投入的数据有限,以及研发人员的界定存在一些争议,如有的公司年报中的研发人员是指技术人员,有的则包括与企业研发创新相关的所有人员,因此无法清晰地获得此方面的数据。在未来的研究中可以进一步补充对企业研发人员投入的影响,从而来充实研究结果。

(5) 研究内容有待进一步深化。本书第5章的实证分析部分从宏观层面分析了企业创新投入的城市效应及影响渠道,并论证了企业家特征的重要性。由于本书的研究主题是CEO的过度自信,如果能够深入分析过度自信的企业家是否更愿意进行内部交流,从而更赋有活力,这样就更能够凸显主题。但是由于本书所构建的企业家活力指标是通过手工搜索各个城市是否举办企业家联合会、企业家社团、企业家峰会、企业家交流会、企业家俱乐部、高新技术企业协会等组织来构建,而很难获得参加这些组织的高管个体的信息,这就制约了本书这部分的研究,因此有待今后突破这一难题。

(6) 研究对策的有效性有待检验。本书主要根据所得到的研究结论、已有相关文献及企业实际情况,提出了发挥过度自信积极作用和遏制过度自信消极作用的相关对策。然而这些对策是否能够满足企业需求,是否符合企业现实条件,以及是否有效,还需要在实际应用过程中进一步检验。

7.3.2 研究展望

一方面,行为公司金融是现今研究最为热点的领域之一;另一方面,立足于创新驱动发展战略,面对我国企业创新研发相对不足,提升企业创新投入已成为一个永恒的话题。因此,从行为角度出发来研究企业创新将成为一个新的主题,未来还有很多有趣的问题值得进一步探究。本部分的研究展望,致力于与对行为金融领域及企业创新领域感兴趣的同仁共同探索研究。

（1）管理者过度自信如何影响企业创新产出？是否通过提升企业创新投入最终提高了企业创新产出及创新效率？本书仅仅分析了 CEO 过度自信对企业创新投入决策的影响，然而，增加企业创新投入的最终目标是创造更多的专利、商标以及新产品等创新产出，只有将创新投入最终转化为创新产出才能真正提升企业的创新能力。因此，能够进一步分析 CEO 过度自信对企业创新产出的作用，以及是否能够通过提升创新投入最终提高企业创新产出，从而也提高了创新效率，这才能够更加全面地剖析管理者过度自信对企业创新的真实作用，因此有待今后进一步探索。

（2）如何衡量管理者过度自信以及如何测算过度自信的合理范围？客观地度量管理者过度自信一直是行为公司金融领域的一大难题，通过度量管理者过度自信后，能够区分不同程度的过度自信，并合理划分高过度自信和低过度自信的界限，这就更加难上加难。但是，如果能够突破这一难题，该方面的研究就会更向上一台阶。尤其制定过度自信水平的合理范围至关重要，就如同本书研究对策部分一再提到的，并不是管理者过度自信水平越高就越好，该水平不是越低就越好，而是在不同的企业中，依据经营状况和管理者个人特征等，存在一个合理的范围。如果在未来的研究中，能够依据企业特性制定出不同的管理者过度自信合理范围，那将是一个重大突破。因此，需要感兴趣的同仁们共同努力去探索。

（3）寻找更多的度量过度自信方法。寻找合适的替代变量来度量过度自信是至关重要的，本书做了尝试提出了一种新颖的度量办法，但是为了让此方面的研究更加稳健，还应该寻找更多的方法。例如，采用问卷调查的方式对企业高管进行深入调查，如果对高管本人调查存在困难，还可以对企业高管身边的人进行深入访谈，以获得相关信息，最终构建高管过度自信的指标体系；或者进行案例分析，选择较容易获得数据的公司，就高管变更前后的情况及高管的个人特征做深入了解，使用实际获得的数据对高管过度自信状态进行评估；或者采用近期较流行的实验方法，借助技术（如功能性磁共振显技术）对过度自信高管决策中的脑部神经过程进行探析，从而分析认知偏差所产生的神经机制。

（4）深化管理者过度自信性质的研究。以往对管理者过度自信的研究基本都是在静态角度来看待过度自信，研究框架都有一个共同的假设前提，即若一个高管是过度自信的，那么在未来很长时间都将是过度自信的。那么，个体的过度自信难道不会随着时间推移而逐渐减弱或者增强吗？有研究表明，越是年长的人越容易过度自信（Dittrich、Guth 和 Maciejovsky，2005）。在某一时刻，高管是过度自信的，或许随着年龄的增长和阅历的增加，过度自信的高管变得不再过度自信或者过度自信程度变得更强。从动态角度来分析高管的过度自信，还十分少见。因此，未来可以以动态的眼光来分析管理者过度自信，从而动态分析管理者过度自信对企业创新的作用。

（5）优化过度自信理论模型。本书在资金来源部分引入了包含过度自信的两期投融资模型，在决策行为部分引入包含过度自信在内的职业生涯关注模型，为了保证模型的预测结果更加接近现实，在模型构建方面可以根据精确的过度自信定义来恰当地定义过度自信参数。例如，在两期投融资模型中，考虑到过度自信的 CEO 总是高估自己公司的价值以及高估投资的未来收益，因此，过度自信的 CEO 总认为其未来的收益为 $R(I)^*(1+\Delta R)$，当 $\Delta R > 0$ 时，则为过度自信；而在职业生涯关注模型中，考虑到过度自信的 CEO 往往会高估自己的能力，因此，CEO 个人对其能力的先验信念为 $\Pr_C(\theta = \bar{\theta}) = \frac{1}{2}(1+\xi)$，这里的 $\xi \in (0, 1]$，ξ 就代表了 CEO 过度自信的参数。所以，在未来可以通过更精确地定义过度自信来定义模型参数。另外，也可以不断尝试在模型中引入新的与过度自信相关的参数来优化模型，如本书在职业生涯关注模型中引入了融资约束参数 $\varepsilon \in [0, 1)$。因此，不断优化管理者过度自信模型也将是未来一个可探索的研究方向。

（6）探索管理者过度自信对企业创新投入的影响渠道。本书从资金来源、决策行为以及决策结果三个方面系统地分析了 CEO 过度自信对企业创新投入的作用，然而为了使研究更加完整和系统化，未来还应该进一步探索 CEO 过度自信对企业创新投入的影响渠道。在融资约束企业，CEO 过度自信对企业创新投入存在负面影响，那么这种负面影响主要是通过哪些渠道实现的？在不易受融资约束的企业，CEO 过度自信可以提升企业创新投入，那么这种提升作用又是通过哪些渠道来实现的？例如，CEO 的过度自信是否会影响到整个决策团队以及员工的过度自信？是否会营造一种过度自信的企业文化，进而影响到企业创新投入，这些问题都需要进一步探索。

（7）进一步深化研究问题，考虑行业属性以及市场状态等。本书遵循资金来源到决策行为再到决策结果的研究思路来开展系统研究，还应该加入一些情景因素，在不同的情景状态下区别对待。例如，在不同的行业属性下，管理者过度自信对企业创新投入的影响差异。虽然本书的研究样本主要来自制造业和信息技术业，但是这些行业还可以细分为创新型行业和非创新型行业，这样两者之间的关系也会存在差异。例如，在市场状态不同时，过度自信 CEO 的表现也会不同。在市场状态差的情况下，相对理性的 CEO，过度自信的 CEO 是否更有可能坚持增加企业创新投入？进一步考虑这些特殊情况，深入探究管理者过度自信对企业创新的作用，这也将是未来可行的研究方向。

附　　录

参 考 文 献

［1］Griliches Z. Issues in assessing the contribution of R&D to productivity[J]. Bell journal of economics，1979，10(1)：92-116.

［2］张信东,贺亚楠,马小美.R&D税收优惠政策对企业创新产出的激励效果分析：基于国家级企业技术中心的研究[J].当代财经,2014(11)：35-45.

［3］张信东,武俊俊.政府R&D资助强度、企业R&D能力与创新绩效：基于创业板上市公司的经验证据[J].科技进步与对策,2014(22)：7-13.

［4］江希和,王水娟.企业研发投资税收优惠政策效应研究[J].科研管理,2015,36(6)：46-52.

［5］陈玲,杨文辉.政府研发补贴会促进企业创新吗？——来自中国上市公司的实证研究[J].科学学研究,2016,34(3)：433-442.

［6］张信东,董孝伍,郝丽芳.结构调整中的行业创新效率研究：基于DEA和SFA方法的分析[J].经济管理,2012(6)：149-159.

［7］李强.技术创新、行业特征与制造业追赶绩效[J].科学学研究,2016,34(2)：312-320.

［8］张信东,薛艳梅.R&D支出与公司成长性之关系及阶段特征：基于分位数回归技术的实证研究[J].科学学与科学技术管理,2010(6)：28-33.

［9］张信东,姜小丽.企业R&D投资与系统风险研究[J].研究与发展管理,2008(3)：22-29.

［10］Zhang X, He Y. R&D based earnings management，accounting performance and market return evidence from national recognized enterprise technology centers in China[J]. Chinese management studies，2013，7(4)：572-585.

［11］Simon H A. A behavioral model of rational choice[J]. The quarterly journal of economics，1955，69(1)：99-118.

［12］Becker G S. Irrational behavior and economic theory[J]. Journal of Political economy，1962，70(1)：1-13.

［13］Kahneman D, Tversky A. Prospect theory：an analysis of decision under risk[J]. Econometrica，1979,47(2)：263-291.

［14］De Bondt W F M, Thaler R H. Financial decision-making in markets and firms：A behavioral perspective[J]. Handbooks in operations research and management，1995(9)：385-418.

［15］Gervais S, Heaton J B, Odean T. Overconfidence, investment policy, and manager welfare[R]. Duke university working paper, 2007.

［16］Roll R. The hubris hypothesis of corporate takeovers[J]. Journal of Business, 1986, 59(2)：197-216.

[17] Heaton J B. Managerial optimism and corporate finance[J]. Financial Management，2002
(31)：33-45.

[18] Malmendier U，Tate G. CEO overconfidence and corporate investment[J]. The Journal
of Finance, 2005a, 60(6)：2661-2700.

[19] Malmendier U，Tate G. Does overconfidence affect corporate investment? CEO
overconfidence measures revisited[J]. European Financial Management，2005b, 11(5)：
649-659.

[20] Ben-David I, Graham J R, Harvey C R. Managerial overconfidence and corporate policies
[R]. NBER, Working Paper, 2007.

[21] Landier A，Thesmar D. Financial contracting with optimistic entrepreneurs theory and
evidence[J]. Review of Financial Studies, 2009，22(1)：117-150.

[22] Doukas J A，Petmezas D. Acquisitions，overconfident managers and self-attribution bias
[J]. European Financial Management，2007, 13(3)：531-577.

[23] Malmendier U，Tate G. Who makes acquisitions? CEO overconfidence and the market's
reaction[J]. Journal of Financial Economics，2008，89(1)：20-43.

[24] David H，Angie L，Siew H T. Are overconfident CEOs better innovators? [J]. The
Journal of Finance, 2012, 67(4)：1457-1498.

[25] Galasso A，Simcoe T S. CEO overconfidence and innovation[J]. Management science，
2011, 57(8)：1469-1484.

[26] Lüdtke J P, Lüthje C. The impact of overconfidence on the evaluation of innovations[R].
Social Science Research Network, working paper, 2012.

[27] Herz H，Schunk D，Zehnder C. How do judgmental overconfidence and overoptimism
shape innovative activity? [J]. Games & Economic Behavior, 2013, 83(1)：1-23.

[28] Chang S C，Wong Y J，Lee C Y. Does CEO overconfidence influence a firm's
ambidextrous balance of innovation? [R]. Social Science Research Network, working
paper, 2015.

[29] 孔东民,李天赏,代昀昊.CEO 过度自信与企业创新[J].中大管理研究,2015(1):80-101.

[30] 于长宏,原毅军.CEO 过度自信与企业创新[J].系统工程学报,2015(5):636-641.

[31] 易靖韬,张修平,王化成.企业异质性、高管过度自信与企业创新绩效[J].南开管理评论,
2015(6):101-112.

[32] 宁向东,公司治理理论[M].北京:中国发展出版社,2005.

[33] 李金早,CEO 任期与企业绩效关系的实证研究[D].上海:复旦大学,2008.

[34] 仲继银.董事长和总经理谁是中国公司的 CEO[N].中国证券报,2002.

[35] Lin Y H，Hu S Y，Chen M S. Managerial optimism and corporate investment：Some
empirical evidence from Taiwan[J]. Pacific-Basin Finance Journal, 2005，13(5)：523-
546.

[36] Goel A M，Thakor A V. Overconfidence, CEO selection, and corporate governance[J].
The Journal of Finance, 2008，63(6)：2737-2784.

[37] Hackbarth D. Managerial optimism, overconfidence, and capital structure decisions[R].

Boston University, Working Papers, 2003.

[38] Bernardo A, Welch I. On the evolution of overconfidence and entrepreneurs[J]. Journal of Economics & Management Strategy, 2001, 10(3): 301-330.

[39] Keiber K L. Managerial compensation contracts and overconfidence[R]. EFA Berlin Meetings Discussion Paper. 2002.

[40] 约瑟夫·熊彼特.经济发展理论[M].北京:商务印书馆,1990.

[41] 傅家骥,全允桓,高建,等.技术创新学[M].北京:清华大学出版社,1998:1-396.

[42] 杨平波.家族企业社会化趋势及融资方式选择[J].财会通讯,2010(14):70-75.

[43] 姚益龙,高筠燕.新经济时代企业价值的内涵及其综合评估体系[J].中山大学学报,2003(6):100.

[44] Hambrick D C, Mason P A. Upper Echelons: The organization as a reflection of Its top managers[J]. Academy of Management Review, 1984, 9(2): 193-206.

[45] 杨林,杨倩.高管团队结构差异性与企业并购关系实证研究[J].科研管理,2012(11):57-67.

[46] Simon H A. Reply: logical positivism and ethical judgments[J]. Ethics, 1958, 69(1): 62.

[47] Cyert R M, March J G. A behavioral study of the firm[J]. American Journal of Sociology, 1965, 71(2): 81-95.

[48] Akerlof G A, Yellen J L. Can small deviations from rationality make significant differences to economic equilibria? [J]. The American Economic Review, 1985, 75(4): 708-720.

[49] Einhorn H J, Hogarth R M.Behavioral decision theory: processes of judgment and choice [J]. Annual Review of Psychology, 1981(32): 53-88.

[50] 余明桂,夏新平,邹振松.管理者过度自信与企业激进负债行为[J].管理世界,2006(8): 104-112.

[51] Clayson D E. Performance overconfidence: metacognitive effects or misplaced student expectations? [J]. Journal of Marketing Education, 2005, 27(2): 122-129.

[52] Zenger T R. Why doemployers only reward extreme Performance? Examining the relationships among performance, pay, and turnover [J]. Administrative Science Quarterly, 1992(37): 198-219.

[53] Glaser M. Weber M. Overconfidence and trading volume[J]. Geneva Risk and Insurance Review, 2007, 32(1): 1-36.

[54] Soll J B, Klayman J. Overconfidence in intervalestimates[J]. Journal of Experimental Psychology: Learning, Memory, and Cognition, 2004, 30(2): 299-314.

[55] Brettel M, Kasch M, Mueller A. CFO overconfidence, optimism, and corporate financing[R]. RWTH Aachen University, Germany. In 2008 FMA Annual Meeting.

[56] Lounsbury J W, Steel R P, Loveland J M. An investigation of personality traits in relation to adolescent school absenteeism[J]. Journal of Youth and Adolescence, 2004, 33(5): 457-466.

[57] Griffin D W, Varey C A. Towards a consensus on overconfidence[J]. Organizational Behavior and Human Decision Processes, 1996, 65(3): 227-231.

[58] Bandura A. Self-efficacy: The exercise of control, freeman[M]. New York: W. H. Freeman and Company, 1997.

[59] Froot K, Frankel J A. Forward discount bias: Is it an exchange risk premium? [J]. Quarterly Journal of Economics, 1989(104): 139-161.

[60] 陈其安,林武.委托——代理中代理人过度自信水平衰减速度模型[J].中国管理科学, 2005(10):521-526.

[61] Fischhoff B, Slovic P, Lichtenstein S. Knowing with certainty: The appropriate-nests of extreme confidence[J]. Journal of Experimental Psychology: Human Perception and Performance, 1977(3): 522-564.

[62] Langer E J, Roth J.Heads I win, tails it as chance: The illusion of control as a dunction of the sequence of outcomes in a purely chance task[J]. Journal of Personality and Social Psychology, 1975, 32(6): 951-955.

[63] Nisbett R, Ross L. Limitations of judgment. (psychology and the law: human inference) [J]. Science, 1980, 208(4445): 713-714.

[64] Weinstein N D. Unrealistic optimism about future lifeevents[J]. Journal of Personality and Social Psychology, 1980(5): 806-820.

[65] Kahneman D, Tversky A. Choices, values, and frames[M]. Cambridge: Cambridge University Press, 2000.

[66] Hirshleifer D. Investor psychology and assetpricing[J]. Journal of Finance, 2001, 56 (4): 1533-1597.

[67] Baker M P, Ruback R S, Wurgler J. Behavioral corporate finance: A survey[R]. NBER, Working Paper, 2004.

[68] Billett M T, Qian Y M. Are overconfident CEOs born or made? Evidence of self-attribution bias from frequent acquirers[J]. Management Science, 2008, 54(6): 1037-1051.

[69] Kahneman D, Slovic P, Tversky A. eds. Judgment under uncertainty: heuristics and biases[M]. Cambridge: Cambridge University Press, 1982.

[70] Weinstein N D, Klein W M. Heuristics and biases: Resistance of personal risk perceptions to debiasing interventions[R]. NBER,Working Paper, 2002.

[71] Cathy D L. Gender differences in self-confidence in physical activity: A meta-analysis of recent studies[J]. Journal of Sport and Exercise Psychology, 1991, 13(3): 294-310.

[72] Barber B M, Odean T. Boys will be boys: Gender, overconfidence, and common stock investment[J]. Social Science Electronic Publishing, 1998, 116(1): 261-292.

[73] Bertrand M, Schoar A. Managing with style: The effect of managers on firm policies [R]. MIT Sloan working paper No. 4280-02, 2002.

[74] Kirchler E, Maciejovsky B. Simultaneous over- and under-confidence from experimental asset markets[J]. Journal of Risk and Uncertainty, 2002(25): 65-85.

[75] Lewellen W G, Lease R C, Schlarbaum G G. Patterns of investment strategy and behavior among individual investors[J]. Journal of Business, 1977(50): 296-333.

[76] Stankov L. Calibration curves, scatter-plots, and the distinction between general knowledge and perceptual tests[J]. Learning and Individual Differences, 1998(8): 28-51.

[77] Niederle M, Vesterlund L. Do women shy away from competition? Do men compete too much? [J]. Quarterly Journal of Economics, 2007, 122(3): 1067-1108.

[78] Beyer S. Gender differences in the accuracy of self-evaluations of performance[J]. Journal of Personality and Social Psychology, 1990(59):960-970.

[79] 黄永杰.基金经理人升迁与过度自信之理论与实证[D].台湾:云林科技大学财务金融研究所,2003.

[80] 姜付秀,张敏,陆正飞,等.管理者过度自信、企业扩张与财务困境[J].经济研究,2009(1): 131-143.

[81] Dittrich D A, Guth W, Maciejovsky S. Overconfidence in investment decisions: An experiment approach[J]. The European Journal of Finance, 2005, 11(6): 471-491.

[82] Landier A, Thesmar D. Entrepreneurial optimism and financial contracting[R]. NYU, Working Paper, 2004.

[83] 江伟.董事会独立性,管理者过度自信与资本结构决策[R].第十四届中国财务学年会,2008.

[84] Hayward M L A, Hambrick D C. Explaining the premiums paid for largeacquisitions: Evidence of CEO hubris[J]. Administrative Science Quarterly, 1997, 42(1): 103-127.

[85] Paredes T A. Too much pay, too much defense: behavioral corporate finance, CEOs and corporate governance[J]. Florida State University Law Review, 2004(32): 672-762.

[86] Simon M, Houghton S M. The relationship between overconfidence and the introduction of risky Products: Evidence from a field study[J]. Academy of Management Journal, 2003(46): 139-149.

[87] Chen C C, Greene P G, Crick A. Does entrepreneurial self-efficacy distinguish entrepreneurs from managers? [J]. Journal of Business Venturing, 1998, 13(4): 295-316.

[88] Cooper A C, Woo C Y, Dunkelberg W C. Entrepreneurs' perceived chances for success [J]. Journal of Business Venturing, 1988(3): 97-108.

[89] Shane S, Venkataraman S. The promise of entrepreneurship as a field of research[J]. Academy of Management Review, 2000, 25(1): 217-226.

[90] Acker D, Duck N W. Cross-cultural overconfidence and biased self-attribution[J]. Journal of Social-Economics, 2008, 37(5): 1815-1824.

[91] Li S, Chen W W, Yu Y. The reason for Asian overconfidence[J]. The journal of Psychology, 2006, 140(6): 615-618.

[92] Keren G. On the ability of monitoring non-vertical perceptions and uncertain knowledge: Some calibration studies[J]. Ac ta Physiological, 1988, 67(2): 95-119.

［93］Kleitman S，Stankov L. Ecological and person-oriented aspects of meta-cognitive processes in test-taking［J］. Journal of Applied Cognitive Psychology，2001，15(3)：321-341.

［94］饶育蕾,张轮.行为金融学［M］. 2 版.上海：复旦大学出版社,2005.

［95］Brenner L A，Koehler D J，Liberman V，et al. Overconfidence in probability and frequency judgments：a critical examination［J］. Organizational Behavior and Human Decision processes，1996，65(3)：212-219.

［96］Moore D A，Cain D M. Overconfidence and under-confidence when and why people underestimate(and overestimate) competition［J］. Organizational Behavior and Human Decision Presses，2007(9)：2-15.

［97］Moore D A，Small D A. Error and bias in comparative judgment：On being both better and worse than we think we are［J］. Journal of personality and Social Psychology，2007，92(6)：972-998.

［98］Fairchild R. Managerial overconfidence，agency problems，financing decisions and firm performance［R］. University of Bath，Working Paper，2007.

［99］Hackbarth D. Determinants of corporate borrowing：A behavioral perspective［J］. Journal of Corporate Finance，2009，15(4)：389-411.

［100］汪德华,周晓艳.管理者过度自信与企业投资扭曲［J］.山西财经大学学报,2007(4):56-62.

［101］叶蓓,袁建国.管理者过度自信、道德风险与企业投资决策［J］.财会月刊,2009(3):5-8.

［102］Glaser M，SchAafers P，Weber M. Managerial optimism and co-orate investment：Is the CEO alone responsible for the relation？［R］. AFA 2008 New Orleans Meetings Paper，2008.

［103］郝颖,刘星,林朝南.我国上市公司高管人员过度自信与投资决策的实证研究［J］.中国管理科学，2005,13(5):142-148.

［104］吴超鹏,吴世农,郑方镰.管理者行为与连续并购绩效的理论与实证研究［J］.管理世界，2008(7):126-135.

［105］王霞,于富生,张敏.管理者过度自信与企业投资行为异化——来自我国证券市场的经验证据［R］.武汉：中国会计学会学术年会，2007.

［106］汪静.管理者过度自信对上市公司投融资决策影响实证研究［D］.南京：南京理工大学，2008.

［107］Deshmukh S，Goel A，Howe K. CEO overconfidence and dividend polity FRB of Chicago［R］. Working Paper，2008.

［108］Oliver B R. The impact of management confidence on capital structure［R］. Working Paper，2005.

［109］Barros L，Silveira A. Overconfidence，managerial optimism and the determinants of capital structure［R］. SSRN，Working Paper，2007.

［110］Landier A，Thesmar D. Optimistic beliefs as private benefits for entrepreneurs：Implications for contracting and evidence［J］. Review of Financial Studies，2005.

[111] 李占雷,高俊山.管理者过度自信与公司资本结构决策明[J].开发研究,2007(6):152-154.

[112] 黄莲琴,傅元略.管理者过度自信与公司融资策略的选择[J].福州大学学报,2010(4):12-19.

[113] Myers S C, Majluf N S. Corporate financing and investment decisions when firms have information investors do not have[J]. Journal of Financial Economics, 1983, 13(2): 187-221.

[114] 阎达五,耿建新.我国上市公司配股融资行为的实证研究[J].会计研究,2001(9):21-27.

[115] 刘星,魏锋,詹宇,等.中国上市公司融资顺序的实证研究[J].会计研究,2004,(6):66-72.

[116] Fairchild R. Managerial overconfidence, moral hazard, and financing and investment decisions[R]. University of Bath, Working Paper, 2005.

[117] Weinberg B A.A model of overconfidence[J]. Pacific Economic Review, 2009, 14(4): 502-515.

[118] 饶育蕾,王建新.CEO过度自信、董事会结构与公司业绩的实证研究[J].管理科学,2010, 23(5):2-13.

[119] 潘静.我国上市公司高管人员投资决策行为的理论研究和实证分析[D].苏州:苏州大学, 2007.

[120] 袁晓红.管理者过度自信对公司投资影响的实证研究[D].武汉:武汉理工大学, 2007.

[121] Ye B. Managerial overconfidence and corporate investment: Evidence from P.R. China [J]. Journal of American Academy of Business, 2008, 13(1): 246-252.

[122] 王霞,张敏,于富生.管理者过度自信与企业投资行为异化——来自我国证券市场的经验证据[J].南开管理评论, 2008,11(2):77-83.

[123] Bae G S, Kross W J, Suk I.Dynamics of managerial overconfidence: Evidence from insider trades and management earnings forecasts around upward stock listing change [R]. SSRN, working paper, 2008.

[124] Friedman H. Does overconfidence affect entrepreneurial investment? [EB/OL].[2007] http://repository.upenn.edu/wharton_research_scholars.

[125] 杨涛.我国上市公司管理者过度自信与报酬契约设计研究[D].博士学位论文,长沙:中南大学, 2008.

[126] Hilary G, Menzly L. Does past success lead analysts to become overconfident? [J]. Management Science, 2006, 52(4): 489-500.

[127] 梁上坤.管理者过度自信、债务约束与成本粘性[J].南开管理评论, 2015,18(3):122-131.

[128] 王山慧,王宗军,田原.管理者过度自信、自由现金流与上市公司多元化[J].管理工程学报, 2015, 29(2):103-111.

[129] Frank M Z. An inter-temporal model of industrial exit[J]. Quarterly Journal of Economics, 1988(103): 333-344.

［130］江伟.管理者过度自信,融资偏好与公司投资［J］.财贸研究,2010,21(1):130-138.

［131］Brown J, Fazzari S, Petersen B. Financing innovation and growth: Cash flow, external equity, and the 1990s R&D boom［J］. Journal of Finance, 2009(64): 151-185.

［132］Brown J, Martinsson G, Petersen B. Do financing constraints matter for R&D? ［J］. European Economic Review, 2012(56): 1512-1529.

［133］Hsu Po-Hsuan, Xuan T, Xu Y. Financial development and innovation: Cross-country evidence［J］. Journal of Financial Economics, 2014, 112 (1), 116-135.

［134］Yifei Mao. Managing innovation: The role of collateral［R］. China International Conference in Finance, Shenzhen, China, 2015.

［135］Kerr W R, Nanda R. Financing innovation［J］. Financial Economics, 2015, 7(7): 445-462.

［136］张学勇,廖理.股权分置改革、自愿性披露与公司治理［J］.经济研究,2010(4):28-39.

［137］Campello M, Grahamb J R, Harvey C R. The real effects of financial constraints: Evidence from a financial crisis［J］. Journal of Financial Economic, 2009, 97(3): 470-487.

［138］Fazzari S M, Hubbard R G, Peterson B C. Financing constrains and corporate investment［J］. Brookings Papers on Economic Activity, 1988(1): 201-219.

［139］Brown J, Martinsson G, Petersen B. Law, stock markets, and innovation［J］. Journal of Finance, 2013(4): 1517-1549.

［140］Almeida H, Hsu P H, Li D M. Less is more: Financial constraints and innovative efficiency［R］. SSRN, working paper, 2013.

［141］刘春光.企业 R&D 投入活动的影响因素分析——基于企业财务资源观［D］.广州:暨南大学,2008.

［142］唐清泉,徐欣.企业 R&D 投资和内部资金——来自中国上市公司的经验证据［J］.中国会计评论,2010(3):314-362.

［143］唐清泉,肖海莲.融资约束与企业创新投资——现金流敏感性［J］.南方经济,2012(11):38-48.

［144］肖海莲,唐清泉,周美华.负债对企业创新投资模式的影响——基于 R&D 异质性的实证研究［J］.科研管理,2014(10):77-85.

［145］唐清泉,巫岑.银行业结构与企业创新活动的融资约束［J］.金融研究,2015,(7):116-134.

［146］Carpenter R E, Petersen B C. Capital market imperfections, high-tech investment, and new equity financing［J］. The Economic Journal, 2002, 112(477): 54-72.

［147］Gorodnichenko Y, Schnitzer M. Financial constraints and innovation: why poor countries don't catch up［J］. Journal of the European Economic Association, 2013, 11 (5): 1115-1152.

［148］Hall B H, Lerner J. The financing of R&D and innovation［J］. Handbook of the Economics of Innovation, 2010(1): 609-639.

［149］Bond, Stephen, Elston J A, et al. Financial factors and investment in Belgium, France,

Germany, and the United Kingdom: A comparison using company panel data[J]. Review of Economics and Statistics, 2003, 85(1): 153-165.

[150] 夏冠军,陆根尧.资本市场促进了高新技术企业研发投入吗——基于中国上市公司动态面板数据的证据[J].科学学研究, 2012,30(9):1370-1377.

[151] Jermann U J, Quadrini V. Stock market boom and the productivity gains of the 1990s [J]. Journal of Monetary Economics, 2007, 54 (3): 413-432.

[152] Liao T S, Rice J. Innovation investment,market engagement and financial performance: A study among Australian manufacturing SMEs[J]. Research Policy, 2010，39(1): 117-125.

[153] Chowdhury R, Maung M. Financial market development and the effectiveness of R&D investment: Evidence from developed and emerging countries [J]. Research in International Business and Finance, 2012, 26(2): 258-272.

[154] 解维敏,方红星.金融发展、融资约束与企业研发投入[J].金融研究,2011(5):171-183.

[155] 俞立平.省际金融与科技创新互动关系的实证研究[J].科学学与科学技术管理,2013,34(4):88-97.

[156] 张玉喜,赵丽丽.中国科技金融投入对科技创新的作用效果——基于静态和动态面板数据模型的实证研究[J].科学学研究, 2015,33(2):177-214.

[157] 刘维奇,牛晋霞,张信东.股权分置改革与资本市场效率——基于三因子模型的实证检验[J].会计研究,2010(3):65-73.

[158] Taiyuan W, Stewart T. R&D investment and financing choices: A comprehensive perspective[J]. Research Policy, 2010, 39(9): 1148-1159.

[159] Martinsson G. Equity financing and inn-ovation: Is Europe different from the United States? [J]. Journal of Banking & Finance, 2010, 34(6): 1215-1224.

[160] 刘振.R&D投资与规模投资影响因素比较分析——基于中国上市高新技术企业的经验数据[D].广州:暨南大学, 2009.

[161] Oliner, Stephen D, Glenn D R.Sources of financing hierarchy for business investment [J]. Review of Economics and Statistics, 1992, 74(4): 643-654.

[162] 刘胜强.股权结构对企业R&D投资行为的影响及经济后果研究[D].重庆:重庆大学, 2011.

[163] Bond S, Meghir C.Financial constraints and company investment[J]. Fiscal Studies, 1994, 15(2): 1-18.

[164] 叶康涛,陆正飞.中国上市公司股权融资成本影响因素分析[J].管理世界,2004(5):127-131.

[165] Levine R. Finance and growth: Theory and evidence[J]. Handbook of Economic Growth, 2005, 1(05): 37-40.

[166] Kapadia N. The next Microsoft? Skewness, idiosyncratic volatility, and expected returns[R]. SSRN, working paper, 2006.

[167] 胡建雄,茅宁.债务来源异质性对企业投资扭曲行为影响的实证研究[J].管理科学, 2015(1):47-57.

[168] Richardson S. Over-investment of free cash flow[J]. Social Science Electronic Publishing, 2006, 11(2): 159-189.

[169] 花贵如,刘志远,许骞.投资者情绪、企业投资行为与资源配置效率[J].会计研究,2010(11):49-55.

[170] Stiglitz, Joseph E. Credit markets and capital control[J]. Journal of Money, Credit and Banking, 1985(17): 133-152.

[171] Heath C, Tversky A. Preference and belief: ambiguity and competence in choice under uncertainty[J]. Journal of Risk and Uncertainty, 1991(4): 5-28.

[172] Frase S, Greene F. The effect of experience on entrepreneurial optimism and uncertainty[J]. Economics, 2006(73): 169-192.

[173] Forbes D. Are some entrepreneurs more overconfident than others[J]. Journal of Business Venturing, 2005(20): 623-640.

[174] Aghion P J, Van R L, Zingales. Innovation and institutional ownership[R]. SSRN, working paper, 2009.

[175] Dougal C, Christopher A P, Sheridan T. Urban vibrancy and corporate growth[J]. The Journal of Finance, 2015, 70(1): 163-210.

[176] 薛捷.区域创新环境对科技型小微企业创新的影响——基于双元学习的中介作用[J].科学学研究,2015,33(5):782-791.

[177] 杨朝峰,赵志耘,许治.区域创新能力与经济收敛实证研究[J].中国软科学,2015(1):88-95.

[178] Coval, Joshua D, Tobias J, et al. The geography of investment: Informed trading and asset prices[J]. Journal of Political Economy, 2001, 109(4): 811-841.

[179] Pirinsky, Christo, Qinghai Wang. Does corporate headquarters location matter for stock returns?[J]. Journal of Finance, 2006, 61(4): 1991-2015.

[180] Glaeser, Edward L, Jed Kolko, Albert Saiz. Consumer city[J]. Journal of Economic Geography, 2001(1): 27-50.

[181] Moretti, Enrico. Human capital externalization in cities[R]. NBER Working Paper, No. 9641, 2003.

[182] Coval, Joshua D, Tobias J, et al. Home bias at home: Local equity preference in domestic portfolios[J]. The Journal of Finance, 1999, 54(4): 2045-2073.

[183] Korniotis G M, Kumar A. State-level business cycles and local return predictability[J]. The Journal of Finance, 2013, 68(3): 1037-1096.

[184] 郭蓉,余宇新.中小企业创新投入的技术体制地区差异性研究——以我国制造业中小企业的调研数据为例[J].科学学与科学技术管理,2011,32(6):65-71.

[185] 李柏洲,李新.企业技术获取模式、技术进步与创新产出——基于技术进步中介效应检验及区域差异对比分析[J].科学学与科学技术管理,2014,35(11):161-171.

[186] 白俊红,卞元超.中国政府 R&D 资助空间自相关特征研究[J].科研管理,2016,37(1):77-83.

[187] 代明,张晓鹏.创新型城市与创新型企业发展潜因素路径影响分析——基于结构模型路

径图法的深圳实证检验[J].科学学与科学技术管理，2011,32(1):60-66.

[188] 马亚华,胡少廷,管光扬.城市品牌对工业企业绩效影响的研究——基于工业品质量信息传递的视角[J].城市发展研究，2016, 23(1):116-124.

[189] Manski, Charles. Identification of endogenous social effects: The reflection problem[J]. Review of Economic Studies，1993, 60(3): 531-542.

[190] Chaney, Thomas, David S, et al. The collateral channel: How real estate shocks affect corporate investment[J]. American Economic Review, 2012, 102(6): 2381-2409.

[191] Engelberg, Joseph, Pengjie Gao, et al. The price of a CEO's rolodex[J]. Review of Financial Studies, 2013, 26(1): 79-114.

[192] Wolosin R J, Sherman S J, Till A. Effects of cooperation and competition on responsibility attribution after success and failure[J]. Journal of Experimental Social Psychology, 1973, 9(3): 220-235.

[193] 徐欣,唐清泉.R&D活动、创新专利对企业价值的影响——来自中国上市公司的研究[J].研究与发展管理,2010(4):20-29.

[194] Ahmed A S, Duellman S. Managerial overconfidence and accounting conservatism[J]. Journal of accounting Research, 2013, 51(1): 1-30.

[195] Myers S C. Determinants of corporate borrowing[J]. Journal of financial Economics, 1977, s(2): 147-175.

[196] Griliches Z. Market value, R&D, and patents[J]. Economics Letters, 1984, 7(2): 183-187.

[197] Pakes A, Griliches Z. Patents and R&D at the firm level: A first report[J]. Economic Letters, 1980, 5(4): 377-381.

[198] Sougiannis T. The accounting based valuation of corporate R&D[J]. Accounting Review A Quarterly Journal of the American Accounting Association, 1994, 69(1): 44-68.

[199] 罗婷,朱青,李丹.解析R&D投入和公司价值之间的关系[J].金融研究,2009(6):100-110.

[200] 郝婷,赵息.研发投入、纯技术效率与企业价值研究——来自中国医药制造业上市公司的经验证据[J].中国科技论坛,2016(2):60-66.

[201] 陈金勇,袁蒙菡,汤湘希.研发投入就能提升企业的价值吗?——基于创新存量的检验[J].科技管理研究，2016,36(11):8-14.

[202] Rouse W B, Boff K R. R&D technology management: a framework for putting technology to work[J]. IEEE Transactions on Systems Man & Cybernetics Part C, 1998, 28(4): 501-515.

[203] Shi C. On the trade-off between the future benefits and riskiness of R&D: a bondholders' perspective[J]. Journal of Accounting & Economics, 2003, 35(2): 227-254.

[204] 朱卫平,伦蕊.高新技术企业科技投入与绩效相关性的实证分析[J].科技管理研究,2004(5):7-9.

[205] 梅雪,韩之俊.中国证券市场R&D信息披露实证研究[J].江苏商论,2006(3):157-158.

[206] 张信东,郝盼盼.外部金融市场对企业研发投入的影响[J].软科学,2016,30(12):11-15.

[207] 隋静,蒋翠侠,许启发.股权制衡与公司价值非线性异质关系研究——来自中国A股上市公司的证据[J].南开管理评论,2016,19(1):70-83.

[208] 陈德萍,陈永圣.股权集中度、股权制衡度与公司绩效关系研究——2007—2009年中小企业板块的实证检验[J].会计研究,2011,32(1):38-43.

[209] 阮素梅,丁忠明,刘银国,等.股权制衡与公司价值创造能力"倒U型"假说检验——基于面板数据模型的实证[J].中国管理科学,2014,22(2):119-128.

[210] Kaplan S N, Zingales L. Do investment-cash flow sensitivities provide useful measures of financing constraints? [J]. Quarterly Journal of Economics, 1997, 112(1): 169-215.

[211] Whited T M, Wu G. Financial Constraints Risk[J]. Review of financial studies, 2006, 19(2): 531-559.

[212] Hadlock C J, Pierce J R. New evidence on measuring financial constraints: Moving beyond the KZ index[J]. Review of Financial Studies, 2010, 23(5):1909-1940.

[213] Chan S H, Martin J D, Kensinger J W. Corporate research and development expenditures and share value[J]. Journal of Financial Economics, 1990(26): 255-276.

[214] Chambers D, Jennings R, Robert I I. Excess returns to R&D-Intensive firms[J]. Review of Accounting Studies, 2002, 7(2): 159-162.

[215] Howard K, Schmid L. Innovation, growth, and asset prices[J]. The Journal of Finance, 2015(3): 1001-1037.

[216] Lifeng Gu. Product market competition, R&D investment, and stock return[J]. Journal of Financial Economics, 2016, 119(2): 441-455.

[217] 张信东,尚利强,姜小丽.企业R&D投资与市场收益关系——基于国家认定企业技术中心的数据[J].经济管理,2009,31(3):113-118.

[218] 孙维峰,黄祖辉.广告支出、研发支出与企业绩效[J].科研管理,2013,34(2):44-51.

[219] 纪佳君.R&D投资、资本支出与股票收益:增长期权的视角[D].成都:电子科技大学,2015.

[220] Lamont O, Polk C, Saaarequejo J. Financial constraints and stock returns[J]. The Review of Financial Studies, 2001, 14(2): 529-554.

[221] Campello M, Chen L. Are financial constraints priced? Evidence from firm fundamentals and stock returns[J]. Journal of Money, Credit and Banking, 2010, 42(6): 1185-1198.

[222] Shefrin H.行为公司金融创造价值的决策[M].北京:中国人民大学出版社,2007.

[223] Griffin D. Tversky A. The weighing of evidence and the determinants of confidence[J]. Cognitive Psychology, 1992(24): 411-435.

[224] 伍如昕.高管过度自信对企业投资决策的影响研究[D].长沙:中南大学,2011.

[225] 张信东,郝盼盼.企业创新投入的原动力:CEO个人品质还是早年经历——基于CEO过度自信品质与早年饥荒经历的对比[J].上海财经大学学报,2017,19(1):61-74.

165

［226］Fischhoff B, Slovic P, Lichtenstein S. Lay foibles and expert fables in judgments about risk[J]. American Statistician, 1982(36): 240-255.

［227］Arnott D. Cognitive biases and decision support systems development: a design science approach[J]. Information Systems Journal, 2006(16): 55-78.

［228］邵希娟.基于行为的公司资本投资决策方法研究[M].北京:科学出版社,2009.

后　记

　　本书致力于从行为金融角度探寻影响企业创新的关键要素,以管理者过度自信这一特质为突破口,从资金来源到决策行为再到决策结果系统地探究了CEO过度自信与企业创新投入决策之间的关系,并客观评析了过度自信CEO在企业创新过程中所扮演的角色,为管理者特质和企业创新的相关研究略尽绵薄之力。本书是在博士论文基础上修改而成的,正是在各位老师、同仁以及亲朋好友的帮助下才得以完成,在此致以深深的谢意!

　　首先,感谢我的导师张信东教授。感谢命运的安排,让我师从张老师,这是上天赐予我最大的幸运。在学业上,张老师渊博的学识、严谨的治学态度以及敏锐的思维让我无比钦佩,这将成为我今后科研道路上永远追赶的榜样。每一次与老师的交谈和碰撞,总会有不一样的收获,抑或是对思想的启发,抑或是对写作细节上的改进。张老师对待学术的严谨和认真让我感动,每一篇小论文的修改,从论文的基本框架到其中的实证细节甚至每一句、每一字、每个标点符号,张老师都要与我充分沟通,经过深思熟虑之后才会定稿。记得在2016年的腊月二十五,当大家都已经开始欢天喜地地准备过大年时,张老师下午忙完家里的大扫除,晚上又急匆匆地赶到办公室帮我一起修改论文,不放过任何一个细节,结束之时已是深夜,整个商学楼只剩我们师徒二人。他的奉献精神和治学态度值得我一辈子学习! 在生活上,张老师正直、热情和认真的做人原则指引着我;张老师和蔼、宽容的处世态度深深感染着我。张老师经常询问我生活中是否遇到困难,并设身处地为我着想而排忧解难。由于遇到了所有女博士都可能遇到的尴尬——生孩子和学业的抉择,因此我有段时间非常苦恼,张老师总会不厌其烦地站到我的立场分析利弊,教会了我如何舍和得。总之,张老师不仅是我学习上的导师,也是我生活中的导师以及人生的导师,她像一盏明灯照亮我的人生道路,指引着我前行,不仅教会我做学问,更教会了我做人和做事。在此深表感谢! 尽管所有的文字都那么苍白无力,无法真实地表达出我所有的感激。

　　感谢恩师刘维奇教授。起初,多次耳闻刘老师在学术领域的影响力,因此慕名报考并有幸录取,成为金融工程与风险管理团队的一员,是刘老师帮我打开了学术研究之门。由于自身背景和研究兴趣,最初很难融入刘老师的研究方向,因此刘老师多次与我交流,秉持学术自由的精神,鼓励我可以跟随张信东老师进行另外一个方向的研究,感谢刘老师的宽容和豁达! 每当研究遇到瓶颈进行不下

167

去之时,刘老师总能提出一些建设性的建议,犹如醍醐灌顶;每当完成一篇论文后与老师交流时,刘老师总能从宏观上提出真知灼见,使我豁然开朗。刘老师的每一次鼓励都激励着我前行,刘老师的每一次批评都鞭策着我奋进,唯有更加努力,更加优秀,才能不负师恩。

感谢恩师刘卫民教授。刘老师将温文儒雅、学识渊博、谦虚、认真的学者风范进行了完美的诠释。作为山西省"百人计划"专家,由于任职于英国诺丁汉大学,刘老师与我们接触的时间十分有限,然而在有限的时间里刘老师给予了我尽可能充分的指导,刘老师总能从一个全新的视角提出一些观点和看法,使我受益匪浅。此外,刘老师传授了很多在国外做科研的经验,以及相关领域最前沿的研究动向,开阔了我的视野。

其次,感谢金融工程与风险管理研究团队的每一位成员。他们是:史金凤、杨威、陈艺萍、杨俊仙、翟晓英、芦彩梅、董孝伍、董晨昱、张腊凤、张贵生、张文龙、王素娟、张凯、张苏、张志强、李冬梅、王彦军、马庆庆以及师弟李林波,师妹薛海燕、张燕等。是你们陪伴我度过了难忘的博士生涯,忘不了每次讨论时班上的思想碰撞,忘不了一起战斗的艰辛和不易,你们给予了我学习和生活上太多的帮助和启发,真诚地感谢你们!还要感谢硕士生李丹凤师妹,在论文的数据处理出现状况之时,我曾经夜不能寐、焦头烂额,丹凤无私地利用休息时间解决了我的燃眉之急。此外,还有张亚男、李娜、李娟等师弟师妹们,你们的热心帮助让我体会到了大家庭的温暖。特别要感谢两位好友贺亚楠和邢红卫,或许是年纪的相仿,或者境遇的类似,你们二人作为师姐和师兄给予我的帮助尤其多。无论是学术研究还是家长里短以及育儿知识,亚楠师姐都能与我找到共鸣,从而互相慰藉,共同进步。在我最困难和最无助的时刻,红卫师兄不断支持和鼓励我,提出了很多很好的建议。

再次,感谢我的家人。我出生于教师之家,身为老师的父亲和母亲为我营造了良好的学习氛围,并无私地支持我继续求学,实现我的博士梦,这也是父亲和母亲的梦想。为了养家糊口,父辈们往往很难继续深造,因此我为完成父母的梦想,倍感欣慰。每当遇到困难想要放弃时,爸爸总是苦口婆心地鼓励我,他的谆谆教诲是我继续前行的动力;每当我收获成功沾沾自喜时,爸爸总是告诫我要谦虚谨慎,他的教导指引我不断成长。父亲的爱是深沉而伟大的,感谢父亲!忘不了妈妈每一次嘘寒问暖,忘不了妈妈每一次目送我离家的眼神,母亲的爱是温暖而无私的,感谢母亲!感谢我那善良又调皮的弟弟聪聪,我常年不能陪伴父母左右,感谢你替我尽孝。感谢我的爱人赵旭,从儿时的嬉戏打闹到步入婚姻殿堂再到共同赡养父母和养育儿子,感谢你陪伴我二十余载的时光。尤其5年的博士学习时光,你作为我最坚实的经济后盾,让我明白我并不是一个人在战斗,你包容了我所有的坏脾气和坏习惯,替我分担了很多家庭责任,生活中所有的关爱和照顾值得我深深感谢!感谢我那可爱的宝贝儿子可乐,你是上天赐予我最珍贵的礼物,尽管承受了很大的压力,但是我无怨无悔,你是我另外的重大收获!尽管舍弃了太多陪伴你的时间,但是我始终坚信榜样的力量大于陪伴,我会努力去为你树立好的榜样。

最后,还要感谢山西省"1331 工程"会计学重点教学研究创新团队项目(晋教科〔2017〕12 号)和山西省哲学社会科学项目(晋规办字〔2017〕2 号)的资助,感谢立信会计出版社的信任使本书得以出版,感谢山西财经大学会计学院院长吴秋生教授的全力支持和帮助,吴院长无条件地鼓励和信任是我继续开展科研工作最大的动力!

由于本人学术资历尚浅,本书难免出现一些错误和不足,恳请各位读者不吝指正!

郝盼盼

2018 年 10 月